求道 与 安心

河北禅门片论及儒佛对勘

李洪卫◎著

上海三联书店

目 录

1

一、安心：禅宗中国化的路径与机理
——兼与原始儒家的比较

达摩的二入四行以及道信《入道安心法门》近来为一些著名法师重新倡导是有理由的。唐代尤其是六祖以后，顿教南宗的"玄机"吸引了众多士大夫和高士。这种修行需要很高的智慧而不是较高的智商或情商，因此有特殊的魅力；而不立文字、直下心源虽有玄奥但也使文化不致成为人们进入修行的障碍，又在一定程度上使其成为一个方便的法门。对士大夫和不识字之人的同样引力似乎矛盾，其实正相反相成，不识文字的人也许和精通文字但又喜欢思考玄机的人正好融洽，正如六祖惠能自己言承的"接引上上乘人"。但是，这种修行进路的弊端也在于此，即六祖所提倡的"定慧等持"。所谓定慧等持就是以慧反领定，以超拔的智慧直接安心，在扫相中识定，在放下中明心，消除戒定慧的层次等级和循序渐进的路数。这种方式可以说引导了禅宗中国化并走向极致，也导致它的衰歇，因为这不是普通常人都能完全领会进入的进路。有明一代后，禅宗和净土日渐融合，就是逆反这种超常超越进路的明证。从今天海内外禅宗的发展尤其是大陆的整体状态来看，仍然还在恢复重建的初期，回返楞伽师的修行进路势所必然。

　　楞伽师的修行进路就是安心法门。安心是将身心修行和对心识的自我解悟统一整合起来,是中国化禅宗的典型。它既承续了印度佛教的基本修养功夫如坐禅入定,同时又有明显的中国传统人文的特色(本文末节将结合中国原始儒学略作比较),"安心"法门正是这种中国化禅宗的正宗特色。所谓中国化禅宗,一方面我将之界定为认识自性,一方面我将之界定为安心方法,前者是佛教的基本要求,其实也在中国化中包含在安心之中,但是"安心"从其名称和内涵都有明显的中国特质,这是佛教在中国尤其是禅宗在中国的特点,六祖惠能之后的中国化只是将安心法门中的顿悟提到了至高无上、无以复加的地步。因此,显然中国化的确并非从惠能始,而是自达摩的"安心"说提出即已开始了。

一、二入四行的身心统一论:定心与安心

1. 安心两义

　　安心的起源在达摩接引慧可的过程,明确则是在四祖道信的安心法门提出之后,当然在此之前已经有安心的说法。《楞伽师资记》在首先叙述求那跋陀罗时候记录其说:"拟作佛者,先学安心。心未安时,善尚未善,何况其恶?"[1]"有求大乘者,若不先学安心,定知误矣。"[2]"安心"当然不自这儿首先出,追溯可以上溯到佛陀时代和印度佛教本身,但是,自佛教进入中国,禅宗初创时候,这却是开始。其中包含两个方面,一是静坐默心,一是心理平等,后者既是默坐的成果又是心悟的体现。"究竟佛果处,只可默心自知。无心养神,无念

---

〔1〕《楞伽师资记》,《大正藏》第 85 册,第 1284 页上。
〔2〕同上书,第 1284 页中。

安身,闲居净坐,守本归真。"〔1〕"心得安静时,善恶俱无。"〔2〕"不得安静,但名修是,不名安心。"〔3〕

究之楞伽师的安心实则有两义：一是定心（或摄心）,一是觉悟或心境了然,这是安心的究竟境界,但是,定心或摄心在楞伽师那里必不可少,是重要的一步。六祖以后,禅宗学人基本不提安心的说法,但其实将第二种意思即自性的自己觉悟也就是人的觉悟或觉醒发挥到或提升到了极致,但是是那种顿悟直接的醒觉。和楞伽师相比,六祖以后虽然凌厉超拔,但是也不免没有把鼻甚至邋等。在一定程度上,六祖及其后的禅师似乎突出地强调了定慧的统一性和同一性,但是其实是人为割裂了安心之中的定心和觉悟的统一性。定慧本身在觉悟层面上是同一的,但是在修养功夫上又有着一个前后次序。在六祖惠能提出"定慧等持"以后,有以慧觉指导定心甚至代替定心的倾向,这就导致中上和中人以下的众生无法把握这种高妙的玄理和玄机。当然,从所谓神秀和惠能的比较来看,神秀不能见道也就是没有通过修养真正识见自己的心性本体成了神秀或北宗不被确认的最大问题。但是,抛开神秀的个案不论,细究起来,"安心"一说无论其名称还是进路,其实正是能够将这二者整合起来,有次序又能见道的方式,如果未能见道,不是安心法门的问题,而是未能真正的安心。

2. 理入与行入、定心与觉悟的一体

综观自达摩至惠能的楞伽师们,其方法不外一则静坐,一则觉悟。我把达摩安心分解为定心和了悟,定心的修持主要是禅定或摄心。但是这个过程中其实不废觉悟的成分,这一点是需要明确的,正是因为这种相互渗透,才使禅定本身能够和后来的觉悟统一起来,

---

〔1〕《楞伽师资记》,《大正藏》第85册,第1284页上。
〔2〕同上。
〔3〕同上。

在求那跋陀罗也提出四心,"背理心,向理心,入理心,理心",安心就是逐层次地安住前面三者,实现凡夫心等乃至菩萨心的超越,菩萨心时候仍然没有泯灭能所,最后的境界是理心,是心与理的平等,这里面就包含着深层次结合坐禅的觉悟在一起,摄心与觉悟就是融合在这一过程之中。因此,与其名称相反,笔者认为,达摩的理入恰是行入,行入恰是理入。也就是说,通过理入则是身心的整体修养,而且首先是身体的安顿,从达摩到四祖道信莫不如此;而达摩行入其实是论理的,是自我觉悟的途径。"夫入道多途。要而言之,不出二种。一是理入,二是行入。理入者,谓藉教悟宗。深信含生,凡圣同一真性,但为客尘妄覆,不能显了。若也舍妄归真,凝住壁观,自他、凡圣等一,坚住不移,更不随于言教,此即与真理冥状、无有分别,寂然无名之理。"[1]这是达摩描述的理入。当然,前面说的的确是理,即是《楞伽经》中的原话,而修行的目的就是"舍妄归真",相信有一个真性、真心在,修行使其呈现,犹如儒家说"良知呈现"仿佛。更重要的是后面,"凝住壁观"、"坚住不移",这一点四祖道信完整地吸收到他的《入道安心要方便法门》。四祖在他那里说得非常清楚:

> 初学坐禅看心,独坐一处,先端身正坐,宽衣解带,放身纵体,自按摩七八翻,令腹中嗌气出尽,即滔然得性,清虚恬静。身心调适,能安心神,则窈窈冥冥,气息清冷,徐徐敛心,神道清利,心地明净。观察分明,内外空净,即心性寂灭;如其寂灭,则圣心显矣。性虽无形,志节恒在。然幽灵不竭,常存朗然,是名佛性。见佛性者,永离生死,名出世人。是故《维摩经》云:豁然还得本心。[2]

---

〔1〕《楞伽师资记》,《大正藏》第 85 册,第 1285 页上。
〔2〕同上书,第 1289 页上。

所谓"本心"是孟子先提出的说法，这里提出的修养方式跟孟子养"平旦之气"的方法类似；"圣心"虽然与儒家的修养层次肯定不同，但是名词上与先秦的提法没有大的出入。当然这里的核心不是说这是儒家的思想，而是说，这种修禅定的方法就是达摩的壁观方法的具体化。这是达摩理入的内容的后半部分，也正是禅宗初期修身的方法。因此，理入并非就是从心和理的方面去把握。在他们看来，静坐是破妄念的唯一途径："今世后世，净十方诸佛，若有一人，不因坐禅而成佛者，无有是处。""若妄念不生，默然净坐，大涅槃日自然明净。俗书云：冰生于水而冰遏水，冰伴而水通。妄起于真而妄迷真，妄尽而真现。即心海澄清，法身空净也。故学人依文字语言为道者，如风中灯不能破闇，焰焰谢灭。若净坐无事，如密室中灯，则解破闇，昭物分明。"[1]因此，在楞伽师看来，破除内心妄念的唯一正确途径是坐禅，这是与六祖后世截然不同的观念和路径。

而所谓四行，其实都是心法：第一是甘心，第二是随缘心，第三是安心，第四是放心。因此，理入反而是修身，行入反而是修心，而修心或者修身都是一个安心。达摩说法，说当时只有道育、惠可志存高远，"善蒙师意，法师感其精成，诲以真道：如是安心，如是发行，如是顺物，如是方便。此是大乘安心之法，令无错谬。如是安心者：壁观；如是发行者，四行。"[2]所谓安心与发行的分野只是相对的，壁观是安心，发行也是安心。譬如，"第三无所求行者：世人长迷，处处贪著，名之为求，智者悟真。理将俗及，安心无为。形随运转，万有斯空，无所愿乐，功德黑闇，常相随逐。"[3]发行就是安心；而壁观则是定心。定心的方法在四祖道信那里发展到极致，也就是他的摄心法，

---

〔1〕《楞伽师资记》,《大正藏》第 85 册,第 1285 页下。
〔2〕同上书,第 1285 页上。
〔3〕同上书,第 1285 页中。

这一点和孟子论述的专心致志的方式也是极为近似的。

> 守一不移者,以此空净眼,注意看一物,无间昼夜时,专精常不动。其心欲驰散,急手还摄来,如绳系鸟足,欲飞还掣取。终日看不已,泯然心自定。《维摩经》云:摄心是道场。此是摄心法。《法华经》云:从无数劫来,除睡常摄心,以此诸功德,能生诸禅定。《遗教经》云:五根者,心为其主,制之一处,无事不办。[1]

这种定心的方法也就是达摩教导慧可的外息诸缘,内心无喘,心如墙壁可以入道。

道信安心的另一个方法是念佛,念佛既能定心也能安心。定心是使得心定不摇动,而安心则是明理。"念佛即是念心,求心即是求佛。所以者何?识无形,佛无相貌。若也知此道理,即是安心。"[2]念佛的方法是心念专一,但是在道信那里,念佛还有另外一个功用,那就是求佛就是求自己的内心,不刻意去思虑佛是什么模样的,甚至摒弃这种念头,心意无形、佛也无相,这在一定程度上起到扫相的效果。从道信追求的目标来看,这种安心是一般静坐中所不曾考虑的,因为它兼具了定心与解悟的双重效应。

二、安心关节和究竟:明心

1. 安心之依心而立

安心的第二个层次是了悟或明心,但是楞伽师的了悟或明心不是无依自立,而是建立在有所凭恃的基础上的。在这一点上,又体现

---

〔1〕《楞伽师资记》,《大正藏》第85册,第1288页中。
〔2〕同上书,第1287页上。

出安心之定心与觉悟的整体性。禅宗安心法门的确立的确是依如来藏而起，因为这可以有一个把手，即入门的门径可依。虽然，佛陀在《楞伽经》中云："一切三有，皆是不实妄想所生，如来不从不实虚妄想生。"同时，又指出，不实妄想乃客尘污染所致，背后其实自有灵根："此如来藏识藏，一切声闻缘觉，心想所见，虽自性清静，客尘所覆故，犹见不净，非诸如来。"声闻缘觉、心想所见皆是空虚妄想，是外缘蒙住根器，攀援胶住所致。同时说明，自性清静，拂去客尘，可见天日真理。因此，楞伽师与后来受般若观念影响直接扫相的凌厉简捷有很大不同。所谓客尘染着、覆盖，即是攀援、求取、逐物、向外，即是心神不安定，这是一切声闻所见、妄想杂念的表象，要解决此题，就要求得身心的安定：不攀援、不逐物（当然也不是外道的空寂）这就是"安心"。所以，《楞伽师资记》叙求那跋陀罗即述其谓："拟作佛者，先学安心。心未安时，善尚非善，何况其恶。心得安静时，善恶俱无，依华严经云：法法不相知。至此国来，尚不见修道人，何况安心者。"在他这里，"安心"已经成为修道的最高目标：学做佛的人，第一步就是安心。先有修道人，然后有安心人；安心者即是修道有成之人，然后方可成佛。而安心在达摩承继求那跋陀罗之后才正式成立。第二，心得安静时，善恶具泯，这一点同样十分重要，因为，这样我们或许可以重新分析诸如神秀这样的公案，究竟为什么在哪个环节上没能最终入道。因此，从这里我们看到，第一，安心有其阶梯、步骤；第二，从求那跋陀罗开始，不仅有如来藏的修行法钥，而且有智慧的关照。其实，在达摩与慧可的公案中已经展现了后来的般若观念关照下的顿悟超拔的觉解提升，形成二者的统一。六祖以后这后一个方面被强烈地凸显出来，但是确有意无意间忽略了前期的准备。

2. 安心：在心上的悟性

我们必须从两个方面将老祖达摩的方法全部展示出来。安心的名称之显著是达摩开示慧可的开悟之时揭出的:"光曰:'我心未宁,乞师与安。'师曰:'将心来,与汝安。'曰:'觅心了不可得。师曰:'我与汝安心竟。'"〔1〕这里的"我心未宁"大体应该是求一个最后的解决的意思,或者说"我心"还没有达到完全的安宁或安定状态,请求一个向上一机的指引。我们从后来的方法中也可以看到类似举用,说明不是一个偶然性的随机方便而是一个可以相当普遍应用的法宝。但是,这需要正好其人在这个关节点上才行,当然点化、指引的师父也必须能够居高临下、全机把握、掌握时机。这中间四个环节是:1.求安心,2.心在哪里? 3.找不到心,4.安好。第一,安心不一定直接针对心灵不安而言,可以针对其他方面。第二,是一个启示性的方法,明了心、法、佛一体,心、佛、法在自身不在外。第三,在这一重大启示之下,结合此前的已经形成自身的修养功夫达到觉悟。这里最明白的就是慧可开示僧璨的一例。(僧璨)年逾四十,来见慧可,问道:"弟子身缠风恙,请和尚忏罪!"慧可答言:"将罪来,与当忏。"居士过了好一会儿,说:"觅罪不可得。"慧可说:"与汝忏罪竟,宜依佛法僧住。"居士又问:"今见和尚,已知是僧,未审何名佛法?"慧可答言:"是心是佛,是心是法,法佛无二,僧宝亦然。"居士闻言,深有所悟,说道:"今日始知罪性不在内,不在外,不在中间,如其心然,佛法无二也。"〔2〕这里与上面和下面的公案一样,都是在心灵不安的问题上设问,不论是心还是罪,向外寻找当然不得,所以不论罪与罚、福与报还是心、佛都是自心,回归自心,然后一切放下,不再向外寻找、驰求、攀援,心可定了。就是这最后的一击,在学者那里往往需要更高一筹的师父做最后的打击而反省、反醒。而所谓三祖与四祖的案例则如出一辙:"隋开皇十二年壬子岁,有沙弥道信,年始十四,来礼

---

〔1〕《景德传灯录》,《大正藏》,第51册,第219页中。
〔2〕同上书,第220页下。

祖（三祖僧璨）曰：'愿和尚慈悲，乞与解脱法门。'祖曰：'谁缚汝？'
曰：'无人缚。'祖曰：'何更求解脱乎？'信于言下大悟。"〔1〕

认识到心、法、佛一体，就是认识到自己的本心就是性体，而性体
本身是没有染着的，无论善与恶、功与罪、是与非。所以，同样一个类
型的接引法门可以用不同的开示问题：或问心，或问罪，或问解脱，
其实则一。只是要认识到本心、本性而已，在此时之认识心与本心为
一，一刹那觉悟本心、本性，一切脱落、泯灭、平等。

3. 施为策略与前后相继

其实，我们这里看到的景象更像是后来六祖以后的机锋答对，正
是从初祖开始的关于安心法门中的第二步：在学僧个人修养基础
上，在关键的环节给予点化，使之升华而超凡入圣。这里说的也是安
心法门的最后一步，不管是否直接涉及到自心的问题，但是都是关于
心的解悟，因此，无论是达摩与慧可关于安心的问答还是后来关于忏
罪或谁缚，指向的是自心，因此即是安心。但是，这是安心的最后方
法，而这成为六祖以后常用施为的策略，这是六祖前后或楞伽师和后
面的不同。而最初从达摩开始的安心则是有着明确的方法，就是我
们在第一部分着重讲的那些次第、环节、内容，这正是我们今天需要
着重汲取的。安心最终是着落在境界层面，但是，境界的获得必须首
先要有先前的功夫。达摩自己对这一点非常清楚。其实，最后的问
答式、公案式方法是针对心而言，达摩教导的初期步骤则是真正针对
"安"或者"安心"而言的。

> 别记云：师初居少林寺九年，为二祖说法只教曰：外息诸
> 缘，内心无喘，心如墙壁可以入道。慧可种种说心性理，道未契。

---

〔1〕《景德传灯录》，《大正藏》，第51册，第221页下。

师只遮其非不为说无念心体。慧可曰：我已息诸缘。师曰：莫
不成断灭去否？可曰：不成断灭。师曰：何以验之云不断灭？
可曰：了了常知故。

达摩既教导慧可的定心方法，同时又教他安心方法：外息诸缘又内
心了了，不是沉空虚寂。外息诸缘，内心不再攀援依附；内心了了心
如明镜。其实是心地真正地安下了，明白心性佛一体，而且就是自身
而已或者说这一点也已经消失，因为心底了然，无牵挂碍羁绊束缚，
自然明白清澈。正是这一点被六祖放大应用而成为中国禅宗的后来
的典范或范式。

三、从任运到直心：连续与断裂

"安心"法门到道信开始大盛，专门提出了这一修行的方略，但是
也是从他开始，发生了一个比较重大的转移，这就是任运。四祖道信
可以说将定心修持和超越拔升两者都发挥到了楞伽师的极致。在他
那里，专门谈到摄心、守一不移以及坐禅的准备工作等等，说得详尽
备至；但是，也是他提出了"任运"的思想，这是此前所没有的，虽然三
祖僧璨提出了"大道至简，唯嫌捡择"，在一定程度上出现了这种苗
头，但是道信则将之发挥开来。"信曰：亦不念佛，亦不捉心，亦不看
心，亦不计心，亦不思惟，亦不观行，亦不散乱，直任运；亦不令去，亦
不令住，独一清净究竟处，心自明净。"〔1〕其实，这已经到了安心的第
二步的境界之地。也就是内心的了然明白或明觉。这个任运也就是
类似于孔子所说的"从心所欲不逾矩"（当然，不论从境界等方面有绝
大的不同，只是一个类比），自然而然，随心所欲的自在，这是吸收了

<hr>

〔1〕《楞伽师资记》,《大正藏》,第 85 册,第 1287 页中。

道家尤其是庄子的思想了。

　　道信的这种思想是在他的前面定心的种种方略基础上提出的，是从觉后境界层面提出的，我们只有从这个角度才能理解这种提法而不是将之看成是一种修养方式。但是，从六祖的"定慧等持"和"直心是净土，直心是道场"就将这一点发挥到了顶点。他说："诸学道人，莫言先定发慧，先慧发定，各别。作此见者，法有二相，口说善语，心中不善，空有定慧，定慧不等。若心口俱善，内外一如，定慧即等。"惠能在这里直接否定了定慧的先后顺序和步骤，这就是四祖道信的"任运"之说，因此，四祖道信是安心两个层次的集大成者。而六祖整个《坛经》都是从人的本心或心性上讲，从修养的成就境界上直接开示，因此，他将安心的成就直接说成是方法，其目的是希望学者一步打破执迷的境地，但是正如前文提出的，这其实是需要火候和时机的，需要在学人修养达到一定层次和关节点时候，施为最佳。他直接说，"善知识，又有人教坐，看心观静，不动不起，从此置功。迷人不会，便执成颠。如此者众，如是相教，故知大错。""善知识，道须通流，何以却滞？心不住法，道即通流；心若住法，名为自缚。若言常坐不动是，只如舍利弗宴坐林中，却被维摩诘诃。"其实，他这里有言说的针对对象，就是但言静坐，迷人不会，就陷入对坐禅的执迷颠倒之中了，需要通过智慧的接引将之拔出。但是，这种简易直截的方法的确是有益于上上乘人，对于普通大众确实需要审慎的。

　　惠能提出的"直心"也是四祖道信"任运"说的进一步阐发，他说："善知识，一行三昧者，于一切处行住坐卧，常行一直心是也。《净名经》云：直心是道场，直心是净土。莫心行谄曲，口但说直；口说一行三昧，不行直心。但行直心，于一切法勿有执著。迷人著法相，执一行三昧，直言常坐不动，妄不起心，即是一行三昧。作此解者，即同无情，却是障道因缘。"直心就是任运，但是直心其实是在修养得道之后的直心,这一点需要明白清楚;也可以说直心或任运是人的本心、本性的直接施为,不加修饰、伪装。但是,这种本心、本性在大多数人是被尘覆埋倒的,因此需要一个功夫、需要一个过程。惠能的方法是直下心源,打破顿悟和渐修的隔阂:"善知识,本来正教,无有顿渐,人性自有利钝。迷人渐修,悟人顿契。自识本心,自见本性,即无差别。所以立顿渐之假名。"从见到本性上说,六祖此言甚是,从本体上或本性上说,本就没有顿或渐,人的本性只有一个,能见到就是见到,见不到就是假的。但是,其实这里,惠能也已经区分了迷人渐修,悟人顿契之间的差异。尤其是,我们需要注意到,惠能其实强调,他的法门即是顿教,对于普通人来说,可能过于刚猛激烈,不一定是所有人都能明白和修持的,他说:"善知识,小根之人,闻此顿教,犹如草木根性小者,若被大雨,悉皆自倒,不能增长。"这一点其实是需要特别注意的。而这里需要特别指出的是,即便在达摩那里顿悟教法也是存在的,这就是第四称法行。"第四称法行者,性净之理,因之为法。理此众相斯空,无染无著,无此无彼。"[1]很明显,达摩承接如来藏法,很明确禅宗的本分行当就是了悟自性,在这一点上,真正的禅师其实是没有分别的。安心的最高最后层次就是心无挂碍、无染无著,无此无彼,只是怎么样得到这样的结果或成就,在禅宗传承的演化中,逐渐有所不同。

我们应该看到,从达摩到惠能的方法都是安心法门,但是直到四祖、五祖,都是一个稳妥渐修的过程,六祖以后而成顿教。这其中的连续性是在达摩那里直到以后各位楞伽师其实都有顿教的内涵的,否则前后就不是一种宗门了;其次,六祖前后的确形成了强烈的对比,这个反差最初就是从四祖那里开始的,这也是以前学者都已经注

---

[1]《楞伽师资记》,《大正藏》,第 85 册,第 1285 页中。

意到的。从我们今天修行的方便来看，第一，用安心是比较能够顺应大众的心理需求，因为，身心不安正是人类的共病，也正是当下人们最大的心理问题；第二，是楞伽师们的方法比较稳妥，这也是人所共见的。而且这同样也是能够和中国文化尤其是儒家传统接续的方面。

四、"心安"与"安心"的中国语境及其走向

1. 孔子的"心安"

"心安"与"安心"既是一句日常用语，同时又在宗教层面有其深刻的含义与蕴含，尤其是在中国的宗教与哲学中，具有实质性乃至根本性的意义。在儒家创始人孔子那里已经探讨了"安"的问题，其中主要涉及两个方面：一是社会，一是个人。从社会来说，"安"就是社会安定、百姓安居之类；从个人来说，"安"则指身安与心安两个方面。身安主要是安逸、舒适等方面，而心安则是心理的安顿、平和，尤其是在孔子与宰我的对话中，提出了心安的问题。我们检索《论语》大体上有以下这些关于"安"的讨论。

"子曰：君子食无求饱，居无求安。敏于事而慎于言，就有道而正焉。可谓好学也已。"（《学而》）"安稳、安逸"，"子曰：视其所以，观其所由，察其所安，人焉廋哉！人焉廋哉！"（《为政》）"心安"，"子曰："不仁者，不可以久处约，不可以长处乐。仁者安仁，知者利仁。"（《里仁》）安居、安心、心安，"子曰："老者安之，朋友信之，少者怀之。"（《公冶长》）这里的"安"大体也是安逸、安闲、舒适的意思。"子温而厉，威而不猛，恭而安。"（《述而》）这里"安"描述的是孔子本人安然、恬静的整体性的身心状态。"子路问君子。子曰："修己以敬。"曰："如斯而已乎？"曰："修己以安人。"曰："如斯而已乎？"曰："修己以安百姓。修己以安百姓，尧舜其犹病诸？""（《宪问》）这里的"安"是名词动化，也可以认为就是动词，因为是君子即上层人物甚至即君主，

13

所以这里的"安"就是"安排好"、"处置好"、"安定安居安乐"的意思。
"丘也,闻有国有家者,不患寡而患不均,不患贫而患不安,盖均无贫,
和无寡,安无倾。"(《季氏》)这里的"安"也大体是安定、安乐的意思。
"宰我问:'三年之丧,期已久矣。君子三年不为礼,礼必坏。三年不
为乐,乐必崩。旧谷既没,新谷既升,钻燧改火,期已可矣。'子曰:
'食夫稻,衣夫锦,于女安乎?'曰:'安。''女安则为之。夫君子之居
丧,食旨不甘,闻乐不乐,居处不安,故不为也。今女安则为之。'宰我
出,子曰:'予之不仁也!子生三年,然后免于父母之怀。夫三年之
丧,天下之通丧也。予也,有三年之爱于其父母乎?'"(《阳货》)

在孔子与宰我的对话中孔子所追问的"安"主要是"心安",即自
己内心其实就是良心的安定、满足,不会因为良心不安而导致的烦
恼、忧虑、焦躁等等。

在这里,孔子理解心安的方式或法门是:求对等。其实就是付
出与回报的等价、平衡,一般人应该在这个意义上求得心理的平衡,
这是良心本身内在的规定和要求。应该说,这里的孔子还并不是从
身心修养的角度来谈的"心安"。而他关于自己"饭蔬食饮水曲肱而
枕之,乐亦在其中矣,不义而富且贵,于我如浮云"和评价颜回"一箪
食。一瓢饮,居陋巷,人不堪其忧,回也不改其乐,贤哉回也!"中,表
现的是一种安心的境界。但是,孔子已经提出了这个问题,而孔子的
提问与回答则展示了儒家与道家及后来的禅宗之间的差异。在这些
方面,孟子的"求放心"以及《大学》、《中庸》中的很多论述乃至方法倒
是与我们上面讨论的禅宗的"安心"颇有相合之处。

2. 孟子的存心

在儒家的另一个理想主义者孟子那里,则已经不限于探讨什么
是"安"而是在思考、求证身心安定的法门,这就是他的"求放心"。他
指出,"仁"是个人安身立命的地方,但是,"仁"不是一个实际的住处,

因此，他这里当然说的是人心的安定和人心的安居。孟子曰："孔子曰：'里仁为美。择不处仁，焉得智？'夫仁，天之尊爵也，人之安宅也。""仁者如射，射者正己而后发；发而不中，不怨胜己者，反求诸己而已矣。"（《公孙丑上》）"仁，人之安宅也；义，人之正路也。旷安宅而弗居，舍正路而不由，哀哉！"（《离娄上》）孟子曰："君子深造之以道，欲其自得之也。自得之，则居之安；居之安，则资之深；资之深，则取之左右逢其原，故君子欲其自得之也。"（《离娄下》）孟子认为，君子要求索大道，而求索大道在于自己身心的享用，那就是孔子说的"古之学者为己，今之学者为人"，真正求学、求道的人是求得自己身心生命的受用的。孟子认为，能够得到这种受用，就能居安而且修养的功夫会越来越深厚。这个具体的方法就是"求放心"："仁，人心也；义，人路也。舍其路而弗由，放其心而不知求，哀哉！人有鸡犬放，则知求之；有放心而不知求。学问之道无他，求其放心而已矣。"（《告子上》）孟子认为人们其实不知道自己平时无时无刻不在放逸自己的良心追逐外务，因此，要获得心灵的安定平和就得"求放心"，把逐物向外的心找回来，其方法是存养夜气，同时要学会专心致志、心地专一不移，这其实已经和道家以及后来禅宗尤其是禅宗创始人的方法很接近了：

> 孟子曰："牛山之木尝美矣，以其郊于大国也，斧斤伐之，可以为美乎？是其日夜之所息，雨露之所润，非无萌蘖之生焉，牛羊又从而牧之，是以若彼濯濯也。人见其濯濯也，以为未尝有材焉，此岂山之性也哉？虽存乎人者，岂无仁义之心哉？其所以放其良心者，亦犹斧斤之于木也，旦旦而伐之，可以为美乎？其日夜之所息，平旦之气，其好恶与人相近也者几希，则其旦昼之所为，有梏亡之矣。梏之反覆，则其夜气不足以存；夜气不足以存，

则其违禽兽不远矣。人见其禽兽也,而以为未尝有才焉者,是岂人之情也哉?故苟得其养,无物不长;苟失其养,无物不消。孔子曰:'操则存,舍则亡;出入无时,莫知其乡。'惟心之谓与?"(《告子上》)

　　孟子曰:"无或乎王之不智也。虽有天下易生之物也,一日暴之,十日寒之,未有能生者也。吾见亦罕矣,吾退而寒之者至矣,吾如有萌焉何哉?今夫弈之为数,小数也;不专心致志,则不得也。弈秋,通国之善弈者也。使弈秋诲二人弈,其一人专心致志,惟弈秋之为听。一人虽听之,一心以为有鸿鹄将至,思援弓缴而射之,虽与之俱学,弗若之矣。为是其智弗若与?曰:非然也。"(《告子上》)

　　从求放心的步骤来看,专心致志、一心不乱正是孟子所非常看重的关节之点,这一点与楞伽师们的守一不移是极其相近或吻合的。孟子修养的最终境界是:"尽其心者,知其性也。知其性,则知天矣。存其心,养其性,所以事天也。夭寿不贰,修身以俟之,所以立命也。"(《尽心上》)这种功夫达到了佛家的什么境界,这是可以探讨的,也是可以比较的,譬如"尽心"的状态究竟如何,但是,孟子的寻求内心的安定则是确实无疑的,这一点也体现在《大学》的这句话里面:"大学之道在明明德,在亲民,在止于至善。知止而后有定,定而后能静,静而后能安,安而后能虑,虑而后能得,知所先后,则近道矣。"其实,这是不大为人们所注意、所重视的儒家心性修养一系中的极其重要的思想脉络。

　　由上可见,寻求身心安定的目标、机理其实已经存在于中国思想的深处,儒家以自己的方式提出了一些方案。但是这些方案在后来汉代以后儒家政治化的发展中湮灭或停滞直到宋明理学才又重新将之发扬光大；在先秦与儒家同时的道家也同样提出了这个中国化的问题及其解决方式，而道家以哲学的方式更深入地影响了中国文化，后来它的修养方式转入进道教反而被埋藏；将这种安心修养和境界超越结合在一起并影响深远的反而是后来的禅宗，尤其是从达摩和慧可开始一直到六祖惠能，这是一个印度佛教进入中国以"安心"为标志而中国化的初创时期，其实也是一个可供后学持续借鉴学习的阶段；六祖以后的祖师禅在某些方面更加中国化了，但也是走向了它的极致，反而导致了衰落。从今天看，重建禅宗中国化的初始阶段的"安心"法钥非常重要。

结语：安心——身心的安顿和心性的明达

由前述可见，安心绝不仅仅是禅宗的诀窍，它是中国文化中的共同财富和方法及境界追求，其基本路径就是立足于个体心性，使之安然和了达。从禅宗角度看，我们分解安心诸侧面，仍然将之分为定心和觉悟两个层面。定心的几个策略：壁观、守一不移、称名念佛、观心正念与念念相续、摄心归定，定者非寂。上述几个方面可以同时进行，也可以有所选择一种或两种。达到的境界认识就是安心或者说整体安心法门的究竟：心地明了、任运、无住（应无所住而生其心）、直心（无念、无住、无相）。无住和直心是五祖、六祖以后更加强调从境界倒推的方法，避免住于空有二境。当然，可能的弊害就是陷入未曾入门就自以为成道的狂禅。而入道的机理：1. 心为其主，2. 是心是佛，3. 心不在内外中间。而禅师打通学者的关节是：向外驰求之心歇息。（参见达摩与慧可，慧可与僧璨的公案）

早期禅宗是将手段、过程和目的、境界做出相对区分的，从四祖、五祖尤其是六祖以后，则是将二者打成一片。将心佛、色空、有无，尤其是境界和修证方法这些二元对立辩证化，也就是使之实现对立统

一,互为条件和目标,而不是简单的手段、方法即永远是手段、方法,
境界、觉悟只是境界、觉悟。基于即心即佛的观念和实质、机理,将成
道之境同时看作是顿悟的契机反过来运用到觉解的过程中,直下心
源、针一重贬,在渐修积累的基础上达到豁然洞开的目的,也可以说
是自省自悟。譬如惠能的定慧一体说就打破了戒定慧三学的过程和
次第说法,反过来以慧、以内在的慧能直接敞开来获得动静一如的
定。譬如离相说,这也是修养的境界之所得,不执著于各种名相。其
实达摩的理入、行入都是理入,也都是行入,自惠能开始反过来将修
养境界作为一种内心的一种本然状态要求学人直接体验、把握从而
获得超常的感悟能力。道信的"任运"和惠能的"直心"意思大略相
同。但是道信还有念佛、摄心等各种修持方法、路数,到了惠能则直
接便是"直心是道场,直心是净土"了。从整体的视角观察,安心法门
是禅修的入门、方便,同时又必须看到它也是究竟,是最终的成就。
从这一点上我们可以看到中国禅宗的自身特色:身心安顿和心地了
然,对于我们今天的普通大众来说尤其具有深远的意义。

二、略论万松行秀以儒道解禅的方式
——以《从容庵录》为中心的考察

万松行秀(1166—1246)俗姓蔡,后出家依止曹洞法脉并在金元之混乱年代力振之而名重一时,后曾"寻归净土构万松轩以自适"[1],世称万松老人。万松老人的《从容庵录》(或《从容录》)和《碧岩录》合称禅门解读公案的"双璧",但是《碧岩录》的影响要显赫得多,除了《碧岩录》首出外,另外也和《碧岩录》之"纯粹、简单"而《从容庵录》之"驳杂、丰富、深厚"不无关系。《碧岩录》的雪窦颂古本就简单直接,而圆悟克勤的解读也是依从而行,略有引申;《从容庵录》的颂古来自天童正觉,天童的颂古本身就用典颇丰,而万松老人恰恰又是"通人",此所谓评唱正得其人,辄尽其发挥、汪洋恣肆之能事,双方是相得益彰、交相辉映,这种拈古评唱方式的不同是否也正是曹洞和云门、临济的差别还有待进一步考量。但是现在看湛然居士序中所言的确是耐人寻味,揭示出士大夫学禅不同于常人的一种进路。

湛然早年向佛,曾问学于圣安澄公和尚,澄公和尚也曾对其所叩

---

〔1〕(明)净柱:《五灯会元续略》卷一,又见(明)费隐通容:《五灯严统》卷十四,两书所述略同。

问多作嘉许,湛然甚有自得之志。后来待湛然真正向学问道,和尚却不再予以表彰鼓励甚至翻案旧说使湛然十分困惑。"圣安从容谓予曰:昔公位居要地,又儒者多不谛信佛书,惟搜摘语缘,以资谈柄,故予不敢苦加钻锤耳。今揣君之心,果为本分事以问予,予岂得犹袭前愆不为苦口乎?予老矣,素不通儒,不能教子。有万松老人者,儒释兼备,宗说精通,辩才无碍,君可见之。"〔1〕圣安澄公和尚以年迈尤其是不通儒学作为不教或不能够教导湛然的理由,也正说明禅宗因材施教、随机应机的教法是相当彻底的,这恐怕也是禅宗多门的原因之所在。圣安早前嘉许鼓励其实是认为湛然居士有玩票的嫌疑,待到知道他真的要向道问学便向他推荐万松老人,认为万松是适合湛然的老师。果不其然,湛然进入轨道,穷探力索,又拿出天童正觉的颂古百则坚请万松老人评唱解说。一俟到手如获至宝,序之曰:"佛祖诸师埋根千丈,机缘百则见世生苗。天童不合抽枝,万松那堪引蔓,湛然向枝蔓上更添芒索。穿过寻香逐气者鼻孔,绊倒行玄体妙底脚跟向去。若要脚跟点地鼻孔撩天,却须向这葛藤里穿过始得。"〔2〕虽然谦谓此般带有许多学问、史话进路的颂古评唱解读是抽枝引蔓,葛藤芒索,但又谓欲得真知灼见须从这葛藤里穿过才行。从这个角度看,这恐怕也正是士大夫修禅的一个捷径,虽然本身看上去更加是"绕路说禅",渐行渐远,寻常百姓读之可能茫然不知所措,而士大夫见之则似如鱼得水,其实会得其人(师徒相互间)才是参禅悟道的进路门径。

这种士人之间的禅机妙用被称作是一种禅法而不仅仅是一种方便,万松行秀和其弟子李屏山(纯甫)被称作"孔门禅",其实也可以说是"士人禅",这种禅法又被认为是三教合一的禅法。从万松老人的

〔1〕湛然居士:《从容庵录》序,《大正藏》第48册第226页中。
〔2〕同上书,第226页下。

思想来看,他的三教合一也许又有其特异处,那就是道家思想(非道教)在他的禅儒之间起着重要的间架或基础平台式的作用,而对儒家治国理想的认同在一定意义上也是与此有关甚至可以说是从这个层面上予以确立的,也可以说他找到了一种儒释道不是在层级上的涵摄性而是水平层面上的一体性。当然我们必须看到万松行秀自始即严格接受了禅宗修行方式的训练并证成,因此这种会通或圆融还是以不离禅宗之生活方式为前提的,也就是说是在适应或纳入禅宗的观念(这种观念就是一种生存观念和生存方式)之中来实现的,但是反过来说,正如以往的共识:禅宗是中国化的佛教,它已经打上了浓重的中国文化的烙印,这也是无从回避的,那么这双方的调适其实就是一个互动的也是一种不断"回互"的过程,我们从万松老人的《从容庵录》可以观之。

一、绵绵化母与妙圆枢口:心气统合

《从容庵录》评唱第一则是"世尊升座",谓世尊升座未几,文殊菩萨白槌云:"谛观法王法,法王法如是。世尊便下座。"天童的颂为:"一段真风见也么? 绵绵化母理机梭。织成古锦含春象,无奈东君漏泄何。"万松老人于此评唱:

> 天童道:一段真风见也么? 为复世尊升座处是一段真风,天童举颂处是一段真风,万松请益处是一段真风。怎么则却成三段了也? 如何是一段真风? 况诸人各各有分,也好参详。又道:绵绵化母理机梭,化母化工造物之别号。儒道二教,宗于一气;佛家者流,本乎一心。圭峰道:元气亦由心之所造,皆阿赖耶识相分所摄。万松道:此曹洞正宗、祖佛命脉。机纽衔于枢口,转处幽微;绵丝吐于梭肠,用时绵密。何得与邪因无因同日

而语哉?[1]

开始一句的颂古和评唱是典型的禅宗家风,尤其是万松行秀将天童的"一段真风"演绎成为世尊升座处、天童举颂处和万松请益处(自谦语也可以说是对弟子开示处)的三段,这本是一段何又化为三段? 三段如何才是本源的一段? 这是一句追本溯源的参问。但是后面又紧随天童和尚的颂古转向世界之生成及其现象,从超越转到回归,从心识的超脱转到心识的生成,引出对儒道二教的判语和对圭峰宗密《原人论》的引用。天地造物,气象万千,本乎儒道之说,则天地生成归于一气流通及其阴阳五行之蜕变。而佛家则是认为气也是心之所造,阿赖耶相分所摄。这里的所摄恰恰反映的是心气的统合而不是弃绝气的演化概念,这已经体现了万松老人的思想认识,当然这是基于圭峰宗密的见解的。这里看宗密原文:

> 究实言之,心外无别法。元气亦从心之所变,属前转识所现之境,是阿赖耶相分所摄。从初一念业相分为心境之二。心既从细至展转妄计乃至造业,境亦从微至着展转变起乃至天地(即彼始自太易五重运转乃至太极、太极生两仪)。彼说自然大道、如此说真性、其实但是一念能变见分;彼云元气如此一念初动、其实但是境界之相。业既成熟,即从父母禀受二气与业识和合成就人身。据此则心识所变之境乃成二分、一分即与心识和合成人、一分不与心识和合、即成天地山河国邑。三才中唯人灵者、由与心神合也。佛说内四大与外四大不同、正是此也。[2]

---

〔1〕万松行秀:《从容庵录》,《大正藏》48 册,第 228 页上。
〔2〕宗密:《原人论》,《大正藏》45 册,第 710 页下。

宗密分疏"从初一念业相分为心境之二"。但是心境之别又何得而来,宗密终究无法予以解说完备。虽然他后面也说道心从细微辗转妄记造业种种;境也由微至著,生成山河大地,但是这种阿赖耶识相分的分野从何而生难以厘清说得明白,尤其是不容易让从古有之的中国文化的心与气的两分法得以明白地通晓圆融。其实这是佛学的根本和灵机所在,是相对于中国本土文化的优长之处,但是并不容易把捉。他后面还是说到业成熟以后从父母"禀受二气"的问题,这样又从一元回归到二元,也因而将儒道两家的气说纳入到佛家的思想之中。故万松老人随后即道:此曹洞正宗、祖佛命脉。机组衔于枢口,转处幽微;绵丝吐于梭肠,用时绵密。这个正宗恰恰是将本体与现象不是槪分为二,而是彼此"回互",心与气也处于不即不离、一而二、二而一的交结之中,也吻合华严理事圆融的说法。禅宗从六祖的世间修行法门以来其实就是这种不离世间现象界时时观照当下又超越现象时时回溯本源的方式,这与先秦诸子之中国哲学、中国思想是相通的。但是它的方法则有其特异之处:就是牢牢把握心识这个枢纽,时时提撕,又时时打破、超越,最终将真心妄心、本体现象打成一片,这样就可以联系到儒道两宗的心与气的说法。宗密将儒道两宗说成是气论,既触及了它们的实质的一面,显然也有一定程度的偏失和简单化的倾向。儒道两家从先秦在这个方面其实已经有很深的体验和造化,但是,具体呈现出来的最多的却是对于深证结果的哲学化表述如老庄以及儒家心学一系自思孟一直到后学,或者是对气的问题的伸张,这两点被最多地阐述。但是儒家对于心性早就有详细的表述,这在先秦已有之,它缺乏的是对这一问题的更细致化的体验与阐述,这就是心识的详尽探讨、业识及其转化的讨论等等。佛家这一点的确是补充完善了关于生命以及天地生成的种种机括,整个"世界"也无非将此做出二分也由此如何回归为"一段真风",其实,儒道两家尤其是儒家的心气二分最终也是走向这个路途的,譬如后来的阳明学。

　　佛家尤其是禅宗破除知见的分别,一是从观念上更重要的是从身心上得到,儒家心学以及中国道家其实也是如此,离却了身心修养的最终自我转化不可能实现最终观念的转变,因此,所谓儒道两家尤其是道家所擅长的气论其实不外于佛家。禅宗作为中国化的佛法,虽然在气上着墨不多,但是从实质上也不能外乎于此,因为佛法修持并不能完全脱离心气的一体转变,只是它的方法的确与纯粹讲究打坐、心斋的道家或儒家心学有所差异,它通过直接观乎大地山河与自身的一体性或对现象界之总体发生怀疑或如曹洞宗如何使山河大地回到自身等实施身心并作、心气或心识回归的法门,这和儒道相比较有很大的不同。这是自慧能以后的顿悟法门所倡导的,但是其日常的修为必然也必须是心气并作的。当然这里需要指出的是:唯识宗的心识将心气归并的好处其实真正体现在禅宗法门——禅宗是真正实际落实这种直接通过心识的心气一体性发生自身变化的教法,这是禅宗相比较于其他法门(如密宗)和中国儒道的较大不同,如果从成功的角度上说,也是它的大成功处,但是从某种意义上看,多得自根器较好的学者。

　　心与气机的关系,道家着墨不多,庄子曾言:"敢问心斋。仲尼曰:'若一志,无听之以耳而听之以心,无听之以心而听之以气!听止于耳,心止于符。气也者,虚而待物者也。唯道集虚。虚者,心斋也。'"[1]心斋、坐忘是道家的基本路径,当"听之以气"的时候,其实就是心气一体的状态,也就是"天地与我并生,而万物与我为一"[2]。但是,它是先有工夫后有结论,禅宗或是结一而行或者是由心识倒措

---

　　[1]《庄子·人间世》。
　　[2]《庄子·齐物论》。

的方式,但是这并不排斥心与气的联系性与整体性。我们常依据说:
生命在于呼吸之间,这样简单此说就容易落到关于气的呼吸的说法,
禅宗的方式与此略有不同。《从容庵录》第三则所举是"东印土国王
请二十七祖般若多罗齐。王问曰:何不看经?祖云:贫道入息不居
阴界,出息不涉众缘。常转如是经,百千万亿卷。"天童的偈颂是:
"云犀玩月璨含辉,木马游春骏不羁。眉底一双寒碧眼,看经那到透
牛皮。明白心起旷劫,英雄力破重围。妙圆枢口转灵机,寒山忘却来
时路,拾得相将携手归。"〔1〕二十七祖之读经是突破阴阳内外生灭两
重重围,引洛浦禅师所言谓:单明自己法眼未明。若要双眼圆明必
须入息不居阴界,出息不涉众缘。又引鹿门觉禅师:"遍大地是学人
一卷经,尽乾坤是学人一只眼。以这个眼,读如是经,千万亿劫常无
间断。"〔2〕这遍大地、整乾坤又如何参究?这只眼与这卷经又如何对
勘?而这正是禅宗的法门,是儒道两家所从没有运用的方式方法。
所谓"木马游春骏不羁",万松的著语是"百花丛里过一叶不沾身",也
就是不著不拟不泥,但是这里不是像临济那样霹雳斩截没有入手处。
万松在后面又依据天童进一步解释,曹洞自始至终不忘一个机要,也
就是把手,这也就是后面的"妙圆枢口转灵机",这一句正凸显曹洞与
临济的分别。万松老人对此句甚至做了注疏:"《尔雅》枢谓之根。
郭璞注云:门扉枢也。流水不腐,中枢不蠹,言其活也。尊者未点先
行,不拨自转,这边那边无可不可。天童披沙拣金,分星擘两,花判了
也。"〔3〕这里面强调的是心识的自我认知和超脱而不是执泥,其中真
心妄心、本体现象交互变幻,在这个变化之中把握一个入处和灵活辩
证之机。

---

〔1〕万松行秀:《从容庵录》,《大正藏》48 册,第 229 页上中。

〔2〕同上书,第 229 页中下。

〔3〕同上书,第 229 页下。

所谓曹洞正宗、祖佛命脉即是此心识之转动,即自我观照也即所谓灵枢之机。临济全盘扫除,曹洞把握一机,此可能是其分别之处。曹洞的妙圆枢口似乎与儒道之外部世界以及气论了不相涉,其实不然。呼吸不入阴界不涉众缘不等于没有呼吸,而是呼吸不落于心识,也就是能够超越周边现象的限制,但是你的呼吸和心识也不离于身心,这样才能和"绵绵化母"接轨,在这个世界又"不住于"(其实是不著于)这个世界。万象含春一气为真但又是幻,为心识变化所成就并无实相。所以曹洞把握人的心识将其真妄、心气、本末等等统统打并为一,同时它的默照禅法更是将心气统合起来。虽然气机归根于心,但是并不废气而独存,所谓"机枢"或正是这样的一个合体。机枢之灵活把捉运用、不偏废、偏执而辩证左右,正是这样的一种身心调整的方式。曹洞宗的默照禅法,虽不言气,气则自聚。默处自然凝聚,而照处则灵光独耀,以此为机要,正是身心一体的要诀。阳明学之"如猫捕鼠,如鸡孵卵"自然凝聚的方式全然一似老子的如临如履,此在禅宗虽不以为意,但是客观上有此效果。虽在心地上用功,气机处自有妙用,这也正是回到了宗密所引唯识学的的阿赖耶识处:元气亦从心之所变。心志的转变同时引领气机的变化,其实道家与禅宗(尤其是曹洞宗)既有功夫的差异处也有其相近和会通处,与儒家心学也是同一个道理。

二、廓然无圣与师资道合

禅宗的特异教法是"以心传心",这种类似心意相通的特质当然是只有意会不能言传,所以就是殊难其难。假设在指导禅师是一位觉者的前提下,第一难是学人不会,这个不会不是不会禅师的意指,而是自己心下意中并没有所悟,这当然不能领会;第二难是不合,这在很多学者那里也出现过类似情况,即参悟不契,其实是不投契,这种在转益多师可以解决,第一个不会则没有办法。这种会意其实也是合契,双方的默契在言语交锋对话中自然达成。其实解读公案、绕路说禅也是给个人处的办法,虽然它不能直接解决个人的觉悟问题。《庄子》一书其实提供了很多这方面的案例来说明人们如何达致冥契,它的前提在于对于超越语言层面的共感:首先是个人对于自然界或宇宙或世界的一个超越感官的整体性"把握",而且它可以渗透到日常生活的任何一个方面并可以借助说明之,如庖丁解牛等等。《庄子》中许多例子其实说的都是这样一个相同的道理,这个道理用达摩祖师的话就是"廓然无圣"。但是,"廓然无圣"是一种天地感觉,没有这种共感就无法对话,庄子其实是独白,但是他运用了一些故事用了别人和别人之间的对应来说明这个道理。达磨作为一个真实的存在,则遇到了这种不契的尴尬,这在《碧岩录》和《从容庵录》中都被列为一个公案解读评唱。如果对勘雪窦重显和天童正觉的偈颂以及圆悟克勤和万松行秀的评唱,其实都是后者为优的。

圆悟克勤的"垂示云:隔山见烟,早知是火。隔墙见角,便知是牛。举一明三,目机铢两是衲僧家寻常茶饭。至于截断众流、东涌西没、逆顺纵横与夺自在正当恁时。且道:是什么人行履处?看取雪窦葛藤。"〔1〕克勤这一段开示其实正如他自己所说正是寻常话语、家常便饭,并没有说出与公案相关的任何意思。且看万松老人的示众:"卞和三献,未免遭刑。夜光投人,鲜不按剑。卒客无卒主,宜假不宜真。馐珍异宝用不著,死猫儿头拈出看。"〔2〕这里用典偏多,但是并不繁琐和牵强,可以说适逢其会、用当其时、恰到好处。主要意思是要引出下面公案的内在蕴涵:达磨祖师与梁武帝相遇不契,恰

---

〔1〕雪窦重显颂古圆悟克勤评唱:《碧岩录》,李孚远钟镇锽点校,河北禅学研究所,2006 年,第 19 页。

〔2〕万松行秀:《从容庵录》,《大正藏》48 册,第 228 页中。

如卞和献玉却被误作石头而遭刑,赵州不归南泉无奈斩猫头。唐朝诗人韦应物有诗云:"夜光投人人不畏,知君独识精灵器。"[1]夜光投人,对方仗剑,识人辨物,才有棋逢对手将遇良才,恰如临济义玄回应凤林禅师:"路逢剑客顺呈剑,不是诗人莫献诗。"[2]晋葛洪语"有仓卒客无仓卒主人"[3](后唐人娄师德也用此语谓"有卒客无卒主"),主人应有预,梁武帝本身不悟反致一场机缘成唐突。这些开示既是对下面评唱的铺垫同时也点出了本公案的实质:相遇不相逢,不是同道知音如同陌路一般,这就是禅宗禅师与学人之间的互相启悟的表现方式。

再看雪窦重显颂偈:"圣谛廓然。何当辨的?对朕者谁?还云不识。因兹暗渡江,岂免生荆棘。阖国人追不再来,千古万古空相忆。休相忆,清风匝地有何极。师顾视左右云:这里还有祖师么?自云有。唤来与老僧洗脚。"[4]这一段偈颂相当平易,没有故作艰深之处,但是也确实没有多少可以探讨的空间,只是最后一句确有唤醒扫相之意,也算是一个对"圣谛廓然"的注脚。圆悟克勤的评唱:"且据雪窦颂此公案。一似善舞太阿剑相似。向虚空中盘礴。自然不犯锋芒。若是无这般手段。才拈着便见伤锋犯手。若是具眼者。看他一拈一掇。一褒一贬。只用四句。揣定一则公案。"[5]圆悟克勤的评唱不免有夸张之嫌[6]:除去最后一句成为雪窦老和尚自己对众人

---

[1] 韦应物:《寇季膺古刀歌》,《全唐诗》卷 195。

[2] (宋)赜藏主:《古尊宿语录》(上),北京:中华书局,1994 年,第 83 页。

[3] (晋)葛洪:《西京杂记》。(或说作者为刘歆其他人者)

[4]《碧岩录》,第 22—23 页。

[5] 同上书,第 23 页。

[6] 其实读万松老人对天童禅师颂偈的解读也存有类似问题,首先是全面肯定,这是必须的。然后是以此解读,所谓一唱一和正是。自《碧岩录》传世以来,人们似乎很少提及这方面的状况,这也与后代禅师对前辈的尊重有关,但是其实完全可以做出平实之论。当然总体来说,这种问题之出现包括对它的看法也是一个仁智各见的问题。

的开示以外,前述几句作为事实陈述了无新意,所以说是挥舞太阿剑在虚空盘旋不堕入机锋之内倒也逼真,但是究其关键实质意义不大。

前面圆悟克勤对整个公案的陈述也是相对直白简单,正是如万松老人自谓的"述而不作",倒是万松行秀的陈述其实是述而有作:

> 开堂白槌。尚云法筵龙象众当观第一义。只如第一义谛还许观么?还许武帝达磨问答么?万松道:第一义且置,尔要圣谛作么?天皇道:但尽凡情别无圣解。楞严道:若作圣解即受群邪。只这达磨道廓然无圣,石火电光中不妨手亲眼办。武帝顽涎不退,更问对朕者谁。于他梁王分上也是好心,殊不知,达磨分上,劈面被唾相似,不免更奉个"不识"。早是花娇易谢,那堪雪上加霜。达磨见伊眼目定动,即时转身,别行一路。古人或出或处、或默或语、皆为佛事。后来武帝果然过后思君子。自撰碑文云:见之不见,逢之不逢,今之古之,悔之恨之。朕虽一介凡夫,敢师之于后。自武帝蒙尘之后,达磨西归以来,第一义谛无人举著,赖有天童,为众拈出。[1]

万松老人对整个公案做了比较详细的疏解,尤其是在义理上通过引述天皇陈说、楞严经论加以分疏,尤其是该句概说:"武帝顽涎不退,更问对朕者谁。于他梁王分上也是好心,殊不知,达磨分上,劈面被唾相似,不免更奉个'不识'。"这一段话别具只眼、倍添彩章。最后,以梁武帝自陈:"见之不见,逢之不逢,今之古之,悔之恨之"概括了整个公案的"外部"意义,更尤其"见之不见,逢之不逢",更是一语道

---

[1]《从容庵录》,《大正藏》48册,第28页中下。

出本公案的实质内涵[1]，本身也颇有几分妙谛和"禅趣"。而天童正觉的颂和万松行秀的唱也正是要说出这"见之不见，逢之不逢"。而且二人的颂唱从公案评唱的角度看，令人叹为观止。

> 廓然无圣（一回饮水一回著噎），来机径庭（面赤不如语直）。得非犯鼻而挥斤（好手手中夸好手），失不回头而堕甑（已往不咎）。寥寥冷坐少林（老不歇心），默默全提正令（犹自说兵机）。秋清月转霜轮（高著眼看），河淡斗垂夜柄（谁敢承揽）。绳绳衣钵付儿孙（莫妄想），从此人天成药病（天行已过使者须知）。[2]（正文为天童颂偈，括号中是万松老人的"著语"）

万松老人自谓评唱中对于天童禅师的颂偈每一句的点评或"眉批"即"著语"也是"至于著语出眼笔削之际亦临机不让"[3]，从文中两相对照，此言真实不虚也。下面仅就其中引于《庄子》中的一句略分析之，这一句话也可以说是整个评唱的眼目。

天童颂偈的核心是前面四句加上最后一句总结。前面两句概述机锋并结语为"来机径庭"，万松老人的著语也颇具妙趣：一回饮水一回著噎。后面两句是机枢：得非犯鼻而挥斤（好手手中夸好手），失不回头而堕甑（已往不咎）。万松老人的评唱主要是围绕这两点而来，我们将整体引述如下再作分校：

---

〔1〕这里无论是说公案解说的"实质意义"、"实质内涵"或是"外部意义"都是从外部说的。公案本身一般无法解说或不予解说，《碧岩录》或《从容庵录》开了解说公案的先河，但是正如克勤禅师的"绕路说禅"，本身就是在周遭兜圈，里面或有引举若合符节，也是难以言传。所以所有言说都只是从其外部观之、论之，说其大概或公案的俗谛而已。读者也幸于明察。

〔2〕《从容庵录》，《大正藏》48册，第28页下。

〔3〕万松行秀：《与湛然居士书》，《大正藏》48册，第227页上。

师云:"廓然无圣"来机迳庭,此语本出庄子。大有迳庭,不近人情。初祖当时也少些子方便。殊不知药不瞑眩,厥疾弗瘳,起初便下霹雳手,而今已早私徇姑息,所以得非犯鼻而挥斤。庄子送葬,过惠子之墓。顾谓从者曰:郢人垩漫其鼻端若蝇翼,使匠石斫之。匠石运斤成风,听而斫之,瞑目恣手尽垩而鼻不伤,郢人立不失容。自夫子之死也,吾无以为质矣。失不回头而堕甑。后汉孟敏客居太原,曾荷甑堕地,不顾而去。郭林宗见而问其意,对曰:甑已破矣,视之何益?林宗以此异之,因劝令游学。意谓武帝若自肯,达磨未尝屈己从人。梁王若不契,拂袖便行而无恨。黄金殿上放没面目,道得一半,少林九年口挂壁上,始是八成。如秋清月转霜轮,暗用法眼到头霜,夜月任运落前溪,发明理极无喻之道。河淡斗垂夜柄。天童上堂云:一点环中照极微,智无功处却存知。缘思净尽无余事,半夜星河斗柄垂。此两句如哑人作通事,指似向人吐露不出,那堪师资传授。药病相治,转没交涉,如何得全提正令去。空花几费龟毛线,石女空拈莨针。[1]

"廓然无圣"即但尽凡情别无圣解,意谓一切放下,但是梁王不契此语,其实梁武帝本是一个有所修为之人,所以才有下语:对面是谁?但是恰如万松老人所"埋怨"的,初祖当时也是"方法不多",回应得直截了当、直接用了霹雳手段:不识。击得梁武帝瞠目结舌、不知所喻。这倒不全是达磨老祖太过直接,而主要还是因为梁武帝还过分流连于自己的以往业绩功德,不知真正修法何为,其实不痛下针砭也是很难使其幡然有所省察。这里天童禅师用了两个典故,首先就

---

〔1〕万松行秀:《从容庵录》,《大正藏》48册,第228页下—229页上。

是庄子《徐无鬼》中的故事,这是整个公案解说的核心:

> 庄子送葬,过惠子墓,顾谓从者曰:"郢人垩漫其鼻端,若蝇翼,使匠石斫之。匠石运斤成风,听而斫之,尽垩而鼻不伤,郢人立不失容。宋元君闻之,召匠石曰:'尝试为寡人为之。'匠石曰:'臣则尝能斫之。虽然臣之质死久矣。'自夫子之死也,吾无以为质矣! 吾无与言之矣。"[1]

《庄子》此段的直接蕴涵是如成玄英疏解的:"质,对也。匠石虽巧,必须不动之质;庄子虽贤,犹藉忘言之对。盖知惠子之亡,庄子丧偶,故匠人辍成风之妙响,庄子息濠上之微言。"[2]匠石再能巧也须有岿然不动的对手,庄子再有哲思善辩也须有惠施作为搭档。其实,庄子这里所说并非要强调自己的辩才无碍已经没有惠施这样的人来应对了,更真实的思想是:神乎其技者必须忘我、忘物、忘言,游刃有余、得心应手、会之于心,这是一种自由的境界。这种自由的直接含义是物我合一、物我两忘,但是庄子最终所指示的是人与天地之间的忘己与泯灭对待。只有真正能够与天地合德才能放下,只有放下才能提起。下面一例也是此意。

万松行秀评唱天童正觉的第三十八则是《临济真人》,即那段人所共知的临济示众关于"无位真人"的公案。天童的颂偈重在说明临济面对的僧人不能领悟临济的法语,倒逼临济撒手而归曰:无位真人是甚干屎橛?万松老人在评唱中又引用了《列子》中的一个故事:"《列子》公仪子以力闻,周宣王备礼聘之。既至,懦夫也。王问:卿力何如? 对曰:臣能折春虫之股,堪秋蝉之翼。王作色曰:吾力能裂

---

〔1〕《庄子·徐无鬼》。

〔2〕郭庆藩:《庄子集释》(下),北京:中华书局,2004 年,第 844 页。

犀兕之革,曳九牛之尾,犹憾其弱,尔如是而以力闻何也? 对曰: 臣之名不以负其力者,以能用其力者也。"[1]公仪子以力气大而闻名,周宣王聘请来以后,一看是一个力薄胆弱之人。周宣王就问他力气多大? 结果他回答说是: 我能折蚂蚱的大腿、秋蝉的翅膀。周宣王有些愤怒: 我能撕裂犀兕的皮革、拽九牛的尾巴,还嫌气力小呢,你怎么能够以气力大著称呢? 公仪子回答曰: 我不是以硬负蛮力著称,以能善用其力以力借力以力博力闻名。这段故事的原文如下:

> 公仪伯以力闻诸侯,堂谿公言之于周宣王,王备礼以聘之。公仪伯至。观形,懦夫也。宣王心惑而疑曰:"女之力何如?"公仪伯曰:"臣之力能折春螽之股,堪秋蝉之翼。"王作色曰:"吾之力能裂犀兕之革,曳九牛之尾,犹憾其弱。女折春螽之股,堪秋蝉之翼,而力闻天下,何也?"公仪伯长息退席,曰:"善哉王之问也! 臣敢以实对。臣之师有商丘子者,力无敌于天下,而六亲不知,以未尝用其力故也。臣以死事之。乃告臣曰:'人欲见其所不见,视人所不窥;欲得其所不得,修人所不为。故学眎者先见舆薪,学听者先闻撞钟。夫有易于内者无难于外。于外无难,故名不出其一家。'今臣之名闻于诸侯,是臣违师之教,显臣之能者也。然则臣之名不以负其力者也,以能用其力者也,不犹愈于负其力者乎?"[2]

这是一个内力外力、蛮力巧力、用心意与用体躯的故事,其实质还是人与世界的合一,精神与外物的和应。所谓"用其力者"是能合其德,即能通过精神与外部世界相应并进入其内,物我圆融。万松老

---

[1] 万松行秀:《从容庵录》,《大正藏》48 册,第 253 页上。
[2]《列子·仲尼》。

人在这段评唱中说"此颂临济收放力用"也是可以的,但是更准确地说是后面所谓的"是这僧塞断泉眼? 临济塞断泉眼?",二人机锋不能入乎其内,只能见乎其外,所以不能相得,所以不能成为质对。从外部意义上看,这种两两的对话是一个必须的"对应",也就是学人要进入禅师之蕴意,不如意就是药病两隔没有交涉。我们从深层来看,庄子所举的运斤成风、折春虫、堪秋蝉恰恰是无心之心、无用之用、无力之力、无为之为,巧而又拙,得天地之玄机,得精神合德之妙用,恰恰也是廓然无圣的意蕴所在。所以,廓然无圣才能两相应机、师资道合;应机施为、成为无对待中的真正"对手"也须廓然无圣,透入大自然的内在"精神"或机理。其实这是中国道家古已有之的精神、气质与思想,天童禅师和万松老人将这种思想与禅宗公案的解说糅合无间、相资为用互相贯通了,足见他们思想中道家思想之深邃与厚重。

三、天下太平与本来无事

作为出世的理念在中国为道家首出,庄子有关论述比老子更多也更尖锐或说深刻,老子的宇宙生成学说影响力则更大,它影响了被儒道两家都争夺的《周易》,其实那就是儒道的共同作品或思想认同的体现。道家也有治世的思想,尤其是老子《道德经》论述不少,后来又加诸黄帝而有所谓黄老学说。佛教传入中国,各种宗说都不言治国方略,这和它思想的宗旨是相符的。但是,唐宋以来,士大夫参禅逐渐改变了这种定见。这些士人大都身负家国使命,虽参禅也入世,而且士大夫在参禅以前大都已经接受教育洗礼,教育也以儒道两家为主脉。其实这种沟通绝非无益,它反而使佛教更容易接近知识阶层,迅速扩大了佛教的影响,因为正是士人阶层掌握着传统社会的传播能力和手段,也吸引更多的知识人进入佛教或佛教文化中来。万松老人自身参禅、传授之经历及其《从容庵录》都是佐证。这种儒道共同体思想不是儒道互补而是儒道一体（也可以在一定程度上理解为最原初意义上的黄老学），道家是儒家的思想基础，儒家是道家思想在世俗生活中的应用。[1] 如果从这个角度来看的话，道家的"无为无不为"又成了儒道与禅宗结合的基础，尤其是对于寻求治国理念的参禅士人和借助于中国文化语汇反照解说参禅悟境的禅门大德都有类似的效果。

评唱第五则谓《清源米价》公案是："僧问清源：如何是佛法大意？（小官多念律）源云：卢陵米作么价？（老将不论兵）"万松老人下面是循例对清源来龙去脉做一概括解释，首先讲了"圣谛也不为"的清源：

> 师云：吉州清源山行思禅师初参六祖，便问：当何所务即得不落阶级？祖云：汝曾作甚么来？源云：圣谛亦不为。祖云：落何阶级？源云：圣谛尚不为何阶级之有？祖深器之。会下学徒虽众，师居首焉。亦犹二祖不言，少林谓之得髓矣。据这僧问佛法大意，也是本色乍入丛林底人，要随文殊游铁围山。清源是圣谛亦不为底人，却只作寻常相见顾问道：卢陵米作么价？有者道：卢陵米价不许商量。殊不知，已入斛斗行铺了也。要得不入这保社，问取天童。[2]

这一段公案其实可以反过来解释第二则"廓然无圣"，实质内容几乎与这则无两。清源与六祖的应对反应甚快，本来是要问如何不落阶级，结果反被六祖问着，而清源马上醒悟，万松谓清源之得曹溪赏识

---

〔1〕先秦法家最初也自认为是出于或借助于道家的思想治国，但是从其具体理念和现代法治意义上看，它恰恰是违背了道家思想的基本内核。

〔2〕《从容庵录》，《大正藏》48 册，第 230 页中。

犹二祖乍见初祖一般。后来有人解说这一公案，称："卢陵米价不许商量"，被万松讥评为反落入窠臼不得解脱。如何解释呢？万松谓：听天童禅师的吧："太平治业无象（旄头星现也未），野老家风至淳（争如我这里种田博饭吃）。只管村歌社饮（穷鬼子快活不彻也），那知舜德尧仁（始成忠孝）"。下面将万松老人的评唱一并拈出共观之：

> 师云：唐文宗太和六年时，牛僧孺为相。上曰：天下何时太平？孺对曰：太平无象。今四夷不致交侵，百姓不致离散，虽非至治，亦谓小康。陛下若别求太平，非臣所及。退而累表请罢，出为淮南节度使。万松道：已是起模画样，所以野老家风，击壤讴歌。礼乐文章，翻成特地。卢陵米价，可晒深玄。舜德尧仁，淳风自化；村歌社饮，得其所哉；月白风清，各安其分。还会么？逐便归堂。[1]

天童正觉禅师的这一颂偈可谓是鞭辟入里同时又直下心源，卢陵米做么价？从禅师本意当然是不能问询的。该僧不知，清源也自不知，那是其他人的物事，吃饭者本就只管吃去便了。[2] 万松老人的解释只要顺势而为就行了。

太平治业无象，天下无事不是要敲锣打鼓高声传送，本身就没有任何特异的征兆，也不必自去寻求特异更不要自寻烦恼做所谓头上

---

〔1〕《从容庵录》，《大正藏》48 册，第 230 页中。

〔2〕后来有黄龙慧南禅师对行思公案的诗偈："卢陵米价逐年新，道听虚传未必真。大意不须歧路问，高低宜见本来人。"长灵卓禅师对行思公案的诗偈："卢陵米价播诸方，高唱轻酬力未当。觌面不干升斗事，悠悠南北谩猜量。"三祖宗禅师对行思公案的诗偈："卢陵米价知不知？合下相酬两莫亏。君信入尘空返者，到头只是爱便宜。"其解释各有所不同，以笔者拙见，天童索解更有优长。

安头的事。野老家风至淳。临济义玄曾经开示说："我有时夺人不夺境,有时夺境不夺人,有时人境俱夺,有时人境俱不夺。"[1]"僧问:如何是人境俱不夺,师云:王登宝殿,野老讴歌。"[2]这正是各就其正,各得其所,自由自在,不须没事找事。唐文宗不知已经小康之治,更求太平,还能别处再找一个太平来?万松老人谓,已经有模有样,所以野老村夫击壤而歌,饮酒自娱,不是各得其所吗?月白风清,天地安然,不是各安其分吗?还用得着思索算计、深谋远虑、筹划万端吗?这样子下,礼乐文章,引导限制、规范导引倒成了例外或成画蛇添足了。[3]学人正是取问圣谛,清源也真的是圣谛也不为的。这种意象看上去活脱脱老子所描述的"小国寡民"的景象:"使有什佰之器而不用;使民重死而不远徙。虽有舟舆,无所乘之;虽有甲兵,无所陈之。使民复结绳而用之。甘其食,美其服,安其居,乐其俗。邻国相望,鸡犬之声相闻,民至老死,不相往来。"[4]其实,老子这种意象描述可以做两种理解,一是一种理想的生活生态图景,这是从国家社会角度看;一是自然而然,不为欲望追逐所引诱驱使,清净自在,恬淡自适,即一种生命的自适境界。反用于禅宗"一切放下"的理解也是十分恰宜的。人不能处太平而求太平,学者也不能离相而觅相,所谓即身是佛,佛法不离世间。其实,上述解说融合了儒道两家的思想,返用于禅宗的精神世界之无相、无著、无念的观念,恰到好处,更便于

---

〔1〕(宋)赜藏主:《古尊宿语录》(上),北京:中华书局,1994年,第57页。

〔2〕同上。

〔3〕《击壤歌》:"日出而作,日入而息。凿井而饮,耕田而食。帝力于我何有哉?"沈德潜:《古诗源》,北京:中华书局,1963年,第1页。另,(晋)皇甫谧《高士传》卷上:"壤夫者,尧时人也。帝尧之世,天下太和,百姓无事。壤夫年八十余而击壤于道中,观者曰:'大哉!帝之德也。'壤夫曰:'吾日出而作,日入而息,凿井而饮,耕田而食,帝何德与我哉!'"谢灵运:"即是羲唐化,获我击壤情。"(《初去郡》)即击壤讴歌源于德治清明,世人无事而自得,不觉治下。

〔4〕《道德经》第八十章。

人们的理解,尤其是士大夫们的思想认同。但是,这是直下心源的禅法,也就是临济和尚所谓接引上上根器人之施为,但是同时也是禅师接引学者施予方便击碎攀援求索、颠倒梦想的方法,同时这也是一种境界:儒释道都理想中的一种境界,虽然各自的着眼点有其不同。

这种借助于儒道历史事迹反照禅宗公案的解法在《从容庵录》中比比皆是、随处可见。万松老人在《从容庵录》的评唱中,依据天童禅师的颂偈所提出的儒道人物、思想、事迹、行状等等一一予以解读、阐释,从本来无事的视角还有类似多处可以枚举。第十二则名为《地藏种田》,天童和万松均用了张良和屈原的故事作为通解的方便钥匙。

> 举。地藏问修山主:甚处来?(道不知来处得么)修云:南方来。(好与下载)藏云:南方近日佛法如何?(行说好话)修云:商量浩浩地。(低声)藏云:争如我这里种田博饭吃?(少卖弄)修云:争奈三界何?(犹有这个在)藏云:尔唤甚么作三界?(南方犹可北方更晒)〔1〕
>
> 颂:宗说般般尽强为,(今日不著便)流传耳口便支离。(众僧莫怪)种田博饭家常事,(不可别有)不是饱参人不知。(要知作么)参饱明知无所求,(更须请益天童一遍)子房终不贵封侯。(也是灵龟曳尾)忘机归去同鱼鸟,(随流得妙)濯足沧浪烟木秋。(受用不尽)〔2〕

禅宗并不是不求佛法,但是佛法不在人们的言语思虑之中,所以才通过各种方式教学人放下包袱、担子、心机、计较等等一切粘缚。所以才有地藏回应:争如我这里种田博饭吃?尔唤甚么作三界?万松解

〔1〕《从容庵录》,《大正藏》48 册,第 234 页下。
〔2〕同上书,第 235 页上。

说当中,先是指出宗通解说、分宗立派都是人为、强自为之。那些文字解读、言语应对等等更是容易引入歧途,然后接应天童禅师的颂偈进一步解释:

> 何况出口入耳,请益拈颂。葛藤引蔓过新罗,巩县茶瓶汤不绝。非但南方商量浩浩地,若是道火不烧口底人,辩似悬河元无一字。种田博饭虽是家常,其奈不是饱参不知其趣。古人深山里,镬头边,折脚铛中煮脱粟饭,富不过知足,一世不求人,贵不过清闲,何须印如斗。所以道:参饱明知无所求,子房终不贵封侯。《史记》:汉六年封功臣。或谓张良未尝有战斗功,高帝曰:运筹帷幄之中,决胜千里之外,子房功也。使自择齐三万户。良曰:始臣下邳与上会留,此天以臣授陛下,用臣计而幸时中。臣愿封留足矣,不敢当三万户。此颂不必开堂演法效南方也。《离骚经》渔父歌曰:沧浪之水清兮,可以濯我缨。沧浪之水浊兮,可以濯我足。此乃猿鹤共处,鱼鸟同游。且道:是甚么人?本色檐板汉。[1]

万松老人指出各种攀附求索的种种弊端,同时也说明,只有真正饱参而且参饱之人才真正知道"无所求"。张良不贵封侯正是一个绝好的隐喻的例证。而人生大道是"忘机归去同鱼鸟(随流得妙),濯足沧浪烟木秋(受用不尽)。"这里举的是屈原放逐汨罗江畔,仍卓然独立,不能超越世间之差别对立"勘破红尘",被渔父善意的提示。

> 屈原既放,游於江潭,行吟泽畔,颜色憔悴,形容枯槁。渔父

〔1〕《从容庵录》,《大正藏》48 册,第 235 页中下。

见而问之曰："子非三闾大夫与？何故至於斯！"屈原曰："举世皆浊我独清，众人皆醉我独醒，是以见放！"渔父曰："圣人不凝滞於物，而能与世推移。世人皆浊，何不淈其泥而扬其波？众人皆醉，何不餔其糟而歠其醨？何故深思高举，自令放为？"屈原曰："吾闻之，新沐者必弹冠，新浴者必振衣；安能以身之察察，受物之汶汶者乎！宁赴湘流，葬於江鱼之腹中。安能以皓皓之白，而蒙世俗之尘埃乎！"渔父莞尔而笑，鼓枻而去，乃歌曰："沧浪之水清兮，可以濯吾缨。沧浪之水浊兮，可以濯吾足。"遂去不复与言。[1]

渔父和屈原的对话是一个典型的道家隐士与一个儒家士大夫之间的思维冲突。这儿的意思不是儒道两家不能相借，而是屈原还没有认识到一个更大的真理而是仅仅执著于他所认定的一个"真理"。在道家那里，人与天地之间有一个更高更深更彻底的"沟通往还"，而不是将人与人、物与物、人与物、人与天地对立分离起来。这就是万松老人在后面第五十一则和第四十二则中的分解所说：

> 万松道：盘古初分天地，已成对待。结绳画卦，转丧真淳。释迦未出世，祖师不西来，还有真谛俗谛世法佛法么？[2]
> 师云：鸟之行空，鱼之在水，所托愈安，其生愈适。庄子泉涸鱼相与处于陆，相呴以湿，相濡以沫不如相忘于江湖。白兆通慧圭禅师道：譬如空中飞鸟不知空是家乡。水底游鱼忘却水为

---

〔1〕屈原：《楚辞》。其中《渔父》、《卜居》文笔虽与他文有相近处，但从其内容可知与屈原思想距离较远甚至有所冲突当不为屈原作品。或以为怀念之作，或如郭沫若认为是熟悉屈原者为之，但是表现隐士思想当无疑。
〔2〕《从容庵录》，《大正藏》48 册，第 259 页下。

性命。圭峰云：鱼不识水，人不识风。迷不识性，悟不识空。[1]

　　真正的太平盛世，应该是寂静的而不是喧嚣的；真正的佛法是自在的不是妄想的。屈原执著于世间的君臣之道、父子之义、朋友之情而不知道他的真正的家乡是这整个"世界"。一个野老村夫的"盛世"才是儒道的结合点，但是这往往不是一些执著坚定的士大夫的理想追求，他们要追寻更大的富足、更大的世界、更大的空间等等无止境的，而忘记"世界"本身和我们的真正一体共在；只有我们超越了世间的差别对待，通过佛法反观才知道现实世界的理想之虚幻不真，但是佛法禅宗也可以用这种村老野夫、帝王尧舜的清静无为作为指示表征来反照"什么是祖师西来意？""什么是向外驰求？"。其实，儒释道在一定意义上是可以圆融的，但是，需要我们找到那个恰切点，万松老人的实践恰恰就是这样一个好的例证。

---

[1]《从容庵录》,《大正藏》48 册,第 254 页下。

三、两行与一体
——湛然居士与王阳明的"三教"观对勘

湛然居士,元代曹洞宗大德万松行秀入室弟子,世名耶律楚材,辽东丹王突欲八世孙。湛然又号"玉泉居士",长于燕京最后葬于燕京,晚年曾多有诗文自号"玉泉",眷眷依依,一片深情。湛然曾辅佐成吉思汗等元初开国者并尽其可能以儒家思想诱导蒙人征战中节制杀伐,在所辖汉地实行仁政,留下不朽的历史英名,堪称一代名相,在佛教史和儒家道统传谱上,他的双向进路和业绩绝无仅有。对于湛然一面修心探生命本源究竟本来面目,一面入世安黎民治平天下,这种兼摄儒佛会于一身的特征引发史家争议,究竟其身心命脉归于儒家还是禅宗,往来大家言说各异。近世史学大家王静安先生曾专撰《耶律文正公年谱》,其云:"文正师事万松老人,称嗣法弟子从源。其于禅学所得最深,然其所用以佐蒙古安天下者,皆儒术也。公对儒者则唱以儒治国,以佛治心之说。而《寄万松老人书》,则又自谓此为行权。然予谓致万松一书亦未始非公之行权也。公虽洞达佛理,而其性格实与儒家近,其毅然以天下生民为己任,古之士大夫学佛者,绝未见有此中气象。古所谓墨名而儒行者,公之谓与!"[1]

王国维的意思是湛然居士虽通达佛理但是究其实还是个儒家,因为以往曾经跻身于参禅悟道行列的士大夫没有像他这样能够修齐治平、挥戈天下的。甚至于王静安先生认为,湛然居士对于乃师万松老人的回函也是巧取方便并不是内在的真实。当然,自唐宋以来乃至更早的魏晋时期,士大夫大半是文人出身、即便官职很高也没有能够左右国家大局政策的。耶律楚材不同,既随着成吉思汗东征西讨,也参与国政的商量和治理并直接影响到大政方针,其实是有一言天下兴废的扛鼎作用。显然,在传统看来,这从传说时代或夏商周或者春秋孔孟以来,只有儒者的事业才能臻于此境。在禅宗中获得公共认可的文士,譬如唐代的庞蕴、裴休都曾经位置显赫,但不曾有此丰功伟业,有宋以来的黄山谷等人更是以诗文和修身著称,从身心精神修养到很高同时事功也辉煌鼎盛者的确是独此一人。应当说,静安先生看重湛然居士的治世事业虽然用的是"其毅然以天下生民为己任",其实看的并不是他的为官过程更不是他的个人志向而是他的征战和国家治理之成果。湛然的治国成果确实是非同寻常,同时又是当时名噪一时的大居士,口诛笔讨当时的道教和自承佛门的其他宗派为护教不遗余力,但是,静安先生以为这可以看作是有类"古代墨名而儒行者",也就是名佛子实儒者,因此对其个人身处儒佛之间的争论不绝于耳。在这一点上,也就是儒佛兼擅并被持久争议者唯有元代下面紧接着的一个朝代的英雄王阳明可以与其媲美。

王阳明名守仁,字伯安,明宪宗成化八年生,卒于明世宗嘉靖七年,虚年五十七岁,因曾在越城东南筑阳明洞养生而称阳明先生。王阳明一生文章、事功与圣业并举,文武兼备,为自孔子以降至近世之

---

〔1〕王国维:《耶律文正公年谱余记》,《湛然居士文集》(下简称《文集》),北京:中华书局,1986 年,第 378 页。

大儒中所仅见。但是，阳明在世已经议论纷纭，谓其学问近禅，后学更有狂禅之谓。最能令人难忘的是，阳明龙场悟道之后最初结交的两位同道之一黄绾宗贤，曾经与阳明共修道学、互相参究，又因慕阳明学识改称弟子，后又结成儿女亲家，但是黄绾晚年则因阳明近禅而力攻之："予昔年与海内一二君子讲习，有以致知为至极其良知，格物为格其非心。又谓，格者，正也，正其不正，以归于正；致者，至也，至极其良知，使无亏缺障碍。以身、心、意、志、物为一物，而通为良知条理；格、致、诚、正、修合为一事，而通谓致良知工夫。又云，克己工夫全在格物上用，克其己私，即格其非心也。又令看《六祖坛经》，会其本来无物，不思善，不思恶，见本来面目，为直超上乘，以为合于良知之至极。又以《悟真篇后序》为得圣人之旨。以儒与仙佛之道皆同，但有私己同物之殊。以孔子《论语》之言，皆为下学之事，非直超上悟之旨。予始未之信，既而信之，又久而验之，方知空虚之弊，误人非细。信乎差之毫厘，谬以千里，可不慎哉！"[1]从此可以看出，黄绾因王阳明有关佛老超迈儒家的言论而对其进行了严厉的批评。有关王阳明的这些言论虽然在《传习录》中也有所显示，但是远不如黄绾在这里昭示的这样的明显或者说这样昭然若揭的将儒释道会通打并为一体，甚至于像黄绾所说的佛禅是上乘功法云云。显然这样的说法激怒了儒家士子，黄绾对阳明进行了坚决的挑战，这样从根本上来说王阳明还是儒家吗？这样的问题跟湛然居士的情况类似，他们究竟是什么？这二人相比较又有哪些分别？这是我们现在要探究的。

一、阳明的儒学兼摄与湛然居士的以佛摄儒

儒家自《大学》以降，以所谓三纲领八条目、内圣外王而为人熟

〔1〕（明）黄绾：《明道编》，北京：中华书局，1959年，第10—11页。

知,这种内心修养达致圣贤外通安邦定国,成为儒家的标志,这种圣贤和事功合一的成就最高的实践者当为阳明,而这种内外的贯通就成为儒者的理想和信念,从这一点上,阳明是典型的儒者(我们暂且不管他的内修的修为所达到的"无善无恶"之境的话)。而在内在修养方面,王阳明则认为儒者不仅可以内圣而且可以涵括佛老:

> 张元冲在舟中问:"二氏与圣人之学所差毫厘,谓其皆有得于性命也。但二氏于性命中着些私利,便谬千里矣。今观二氏作用,亦有功于吾身者。不知亦须兼取否?"先生曰:"说兼取便不是。圣人尽性至命,何物不具?何待兼取?二氏之用,皆我之用。即吾尽性至命中完养此身,谓之仙;即吾尽性至命中不染世累,谓之佛。但后世儒者不见圣学之全,故与二氏成二见耳。譬之厅堂,三间共为一厅,儒者不知皆我所用,见佛氏则割左边一间与之,见老氏则割右边一间与之,而己则自处中间,皆举一而废百也。圣人与天地民物同体,儒、佛、老、庄皆吾之用,是之谓大道。二氏自私其身,是之谓小道。"[1]

王阳明认为孔门后世儒者没有通达儒学的根本和全体,在他看来,儒学本身在尽性至命的进程中完全可以达到佛老的境界,只要你将儒学实践进行得彻底。因此,对于儒者来说,对于佛老之学不是兼收并蓄而是佛老本身就在儒学儒者尽性至命的范畴之中。所以他说:"圣人尽性至命,何物不具?何待兼取?"他认为,在尽性至命中达到完养此身就是仙;在儒者尽性至命中不染世累就是佛。他用了一个譬喻:有三间房,本来皆是儒家自身所有,也就是尽心、养生乃

---

〔1〕王守仁:《王阳明全集》,吴光等编校,上海:上海古籍出版社,1992年,第1179—1180页。

至佛家的超世,但是以往儒者只是将第一条归为己有,而将其他归于老子和佛家,这就不是儒家的全体大用了。他又进一步说,佛老不用世于天下,因此是有些自私自利。这是阳明从儒家的视角来说,其实他晚年从个人修为上非常倾慕佛老,再加之朝廷疑忌,自己也颇有寄情山水之慨,但是总的来说,他认为,从儒家修养开去是可以达到佛家和道家的内在修养境界的,也可以说是儒学修养可以兼摄佛老。从这一点上说,湛然居士的看法与阳明殊为不同。

湛然居士在学佛以前已经有儒道两家的比较深的修养,至少是在知识层面的积累已经比较丰富。儒学自不必说,"公生三岁而孤,母夫人杨氏诲育备至。稍长,知力学。年十七,书无所不读,为文有作者气"[1]。而同时或稍晚,道家思想也已经在他生命中打下深深的烙印:参考他自己的诗文《复用前韵唱玄》:"天涯流落从征西,寒盟辜负梅花溪。昔年学道颇得趣,鱼兔入手忘筌蹄。残编断简披庄子,日日须当诵秋水。"这个学道似乎不是从万松老人参禅,按照湛然自述:"其参学之际,机锋罔测,变化无穷,巍巍然若万仞峰莫可攀仰,滔滔然若万顷波涛莫能涯际。瞻之在前,忽焉在后,回视平昔所学,皆块砾耳!登东山而小鲁,登泰山而小天下,岂虚语哉!"[2]湛然居士这个时候跟随万松老人学禅,正如上述应当是日日机锋、参悟禅理的,当然万松老人是三教会通,机锋棒喝之中不免会渗入各种典要,那么"残编断简披庄子,日日须当诵秋水"应在何时呢?或前或后还是此时。湛然居士在十七岁到二十二岁之间还有一段学习经历,此时,湛然开始为官,也与此同时,湛然可能受多方面影响遂开始参禅问道,因为按湛然自述圣安和尚谓"昔公位居要地"[3]。这个"昔"

---

〔1〕宋子贞:《中书令耶律公神道碑》,《文集》第 324 页。
〔2〕耶律楚材:《万松老人评唱天童和尚颂古从容庵录序》,《文集》第 191 页。
〔3〕同上。

是他在京师围困以前的事了，又是在他十七岁为官以后，即在十七岁到二十二岁之间。无论如何，湛然居士的学习庄子是煞费苦心的，也颇得其旨趣了。但是，他从来不认为道家或道教可以用世：

> 顷观子法跋白莲社图，斥渊明攻乎异端。吾子不惑所学，主张名教，真韩、孟之俦亚也。昔巢、由避天下而远遁，尧、舜受天下而不辞，以致泽施于万世，名垂于无穷，是知洁己治天下，各有所安耳。夫清虚玄默，乐天真而自适者也；焦劳忧勤，济苍生为己任者也。二道相反，甚于冰炭，使尧舜、巢由易地则皆然。[1]

> 文中子有言：虚玄起而晋室亡，斯岂庄老之罪与？盖用之不得其宜也！以虚玄之道治天下，其犹祁寒御单葛，大夏服重裘，自底毙亡，岂裘葛之罪哉？[2]

> 大厦将倾，非一木所能支，独渊明所能救其弊哉！适丁天地不交，万物不道，君子道消。小人道长之时，渊明见机而作，挂印绶而归，结社同志，安林泉之乐，较之躁进苟容于小人之侧者，何啻九牛毛也？以渊明之才德，假使生于尧、舜、汤、武之世，又安知不与皋、夔、伊、周并驱争先哉？宣尼有云：用之则行，退之则藏。又云：进退存亡，不失其正者，其惟圣人乎？斯依名教之内昭昭可考者也。何责渊明之深也！余尝谓否则卷而怀之，以简易之道治一心；达则扩而充之，以仁义之道治四海，实古今之通谊也。[3]

依据上文所述的话，湛然居士一则不认为道家可以用世，即治理国家。用他的话说，洁己与治天下是两回事，"各有所安耳"。一个是

---

〔1〕耶律楚材：《和裴子法韵》，《文集》第8页。

〔2〕同上。

〔3〕同上书，第9页。

天真自适,一个是焦劳忧勤,二道相反,甚于冰炭。以虚玄之道治天下犹如冬天穿单衣,夏天披皮袄一样荒唐。同时他又引用孔子的话认为,用之则行,退之则藏,这是儒者的本分,又说"卷而怀之,以简易之道治一心;达则扩而充之,以仁义之道治四海,实古今之通谊也"。这种卷而怀之,以简易之道治心到底是儒家的还是佛家的,这里不甚清楚,因为据下文"达则扩而充之,以仁义之道治四海",这就是孟子的思想,孟子是修心的,这是王阳明思想的源头。但是,在湛然居士看来,儒家其实不可以修心惟可以治世,或者更准确地说是儒家可以治心或者曰正心但是佛家才是这内里的究竟法门,这里参考湛然居士给老师万松的书信:

> 承手教,谕及弟子有"以儒治国,以佛治心"之语,近乎破二做三,屈佛道以徇儒情者。此亦弟子以行权也。教不云乎:无为小乘人说大乘法,弟子亦谓举世皆黄能,任公之饵不足投也。故以是语儿东教之庸儒,为信道之人渐焉。虽然,非屈佛道也,是道不足以治心,仅能治天下,则固为道之余滓矣。戴经云:欲治其国,先正其心;未有心正而天下不治者也。是知治天下之道为治心之所兼耳。普门示现三十二应,法华治世资生,皆顺正法,岂非佛事门中不舍一法者与?孔子称夷齐之贤,求仁而得仁,死而无怨,后世行者难之,又安知视死生如逆旅,坐脱立亡,乃衲僧之余事耳!且五善十戒,人天之浅教,父益慈,子益孝,不杀之仁,不妄之信,不化自行于八荒之外,岂知有耻且格哉!是知五常之道,已为佛教之浅者,兼而有之,弟子且让之。以儒治国,以佛治心,庸儒已切齿,谓弟子叛道忘本矣,又安足以语大道哉![1]

---

〔1〕耶律楚材:《寄万松老人书》,《文集》第293页。

万松老人在给湛然居士的信中认为湛然是"以佛治心，以儒治世"，湛然对此有所辩解：认为自己的这种说法是一种权变之策，不得已而为之的方便或引诱儒者近佛的手段。进而认为，第一，儒家是不能治心的。第二，即便儒家有正心的说法，佛家亦能治世，同时，儒家求仁得仁、视死如归，其实和佛家相比的话，还是比较低的层次，也就是说，佛家是能够兼摄儒家的，在这里，儒家成为了佛家的初级层次，这里可看出，湛然居士和王阳明的迥然之别：王阳明认为，儒家内圣的究竟彻底可以达致佛老的境界，但是，佛老只是欲得自己的究竟果位，因此不能治国。而湛然居士则认为，儒家不能治心可以治世，但是从儒家的根本来说，治世须以正心为本，但正心的根本法门却在佛家，因此，佛家可以兼摄儒家了，这是二者最大的差别了。

上引王静安先生曾经认为，湛然居士对万松老人的这番话不是他的真心话，是他应付老师的话。换句话说，他的老师的话其实是搔到了他的痒处，他实际是两行并举而不是摄儒归佛或者言儒只是权宜之计。但是，考诸湛然居士在给李屏山的《屏山居士鸣道集序》中所言：

> 屏山哀矜，著《鸣道集说》，廓万世之见闻，正天下之性命，发挥孔圣隐幽不扬之道，将攀附游龙，骎骎乎吾佛所列五乘教中人天之俗谛疆域矣！鸣道诸儒力排释老，弃陷韩欧之隘党，孰如屏山尊孔圣与释老鼎峙矣！鸣道诸儒钻仰藩垣，莫窥户牖，辄肆肤议，不亦僭乎！[1]

又湛然在《勉景贤》中谓："若夫吾夫子之道治天下，老氏之道养

---

〔1〕耶律楚材：《屏山居士鸣道集序》，《文集》第308页。

性,释氏之道修心,此古今之通议也。"〔1〕这三者的并立之说昭然若揭,而且,他还更进一步,到他给万松老人的书信里,为了说明他的用世所为就又指出,佛家不仅可以治心而且是治心的究竟和根本,因此佛家由儒家格致诚正修齐治平的套路那就也可以治世,这样就将儒家也在一定程度上涵摄到佛家了。从上述两个例子可以看出,湛然居士学佛用心不二,能够力挺李屏山对宋代诸儒的攻击,可见他入佛之深,如果像王静安先生所说的那样,就不会对宋儒加以那么严厉的抨击了。但是,静安先生的洞察也并非全是无的放矢,在思想上,湛然居士圆通三教,但是认为佛家更为彻底;而在其个人性格气质上也确实是在儒禅之间游离徊徨,既有用世壮心又有悠然志趣,这两者之间在他一生当中形成了一定的紧张。观乎王阳明晚岁在其个人修养境界之下已臻禅趣,同时受儒家思想深刻影响,治世之志不灭,倒又是一种圆融。

二、阳明的洒落与湛然的"纠结"与宁静

处于儒佛之间的士大夫始终有一个问题有待解决,那就是出世的自适、和乐安宁与入世中的激情、负重、繁琐之间的紧张和冲突。王阳明的治世、用世与他的修养境界之间始终不构成严重的紧张,因为这是儒家题中之义,而且是一脉贯通的,是他通过自己探索的"致良知"的儒家路径获得"万物一体之仁"的生命感应,由万物一体又上升一境直逼佛老、上达禅境,而万物一体又使人悲天悯世、周济苍生,此即张载所谓"民吾同胞,物吾与也",但是由于他的修养超出了一般儒者所能企及的地步,直抵禅境,因此,也引发了一些内部的争议和思想上的交锋。这就是他的洒落或和乐。儒家修养的最高境界究竟

〔1〕耶律楚材:《勉景贤》,《文集》第189页。

为何？与佛老有无干涉？自孔子以降，分说各异，莫衷一是，尤其在宋儒之中儒家修持中的"敬畏"与"洒落"境界就成了一对矛盾，就是因为洒落容易被认为偏向佛老。

"洒落"本身作为文学性词语，表达一种没有牵扯羁绊潇洒自然的气象，南朝江淹作《齐故司徒右长史檀超墓铭》谓其"高志洒落，逸气寂寥。奥学内溢，深文外昭"，而《南史》之《列传三十二》又谓作《南齐书》的萧子显"风神洒落，雍容闲雅，简通宾客，不畏鬼神"。宋黄庭坚在《豫章集·濂溪诗序》中谓"春陵周茂叔，人品甚高，胸怀洒落，如光风霁月"，高志或胸怀指其心志情操，风神亦兼自内外，论之气质，前二人为史学家，周敦颐则为道学家，士人或自天成，而道学家则本于先天更注后天养成。这里还牵涉到《论语》中"吾与点也"的一段，也就是曾点不同于孔子其他弟子学为官守而志在个人身心洒落的潇洒洒脱境界。宋儒在这一点上颇有不同意见，朱子因为秉承小程子的"持敬"说，对这种潇洒自适颇不以为然，曾有其弟子陈淳与其对话：

> 因问："向来所呈《与点说》一段如何？"曰："某平生便是不爱人说此话。论语一部自'学而时习之'至'尧曰'，都是做工夫处。不成只说了'与点'，便将许多都掉了。圣贤说事亲便要如此，事君便要如此，事长便要如此，言便要如此，行便要如此，都是好用工夫处。通贯浃洽，自然见得在面前。若都掉了，只管说'与点'，正如吃馒头，只撮个尖处，不吃下面馅子，许多滋味都不见。向来此等无人晓得，说出来也好。今说得多了，都是好笑，不成模样！近来觉见说这样话，都是闲说，不是真积实见。"（《朱子语类》卷一百一十七）

朱子学习程颐,一生谨严庄肃,也反感人们动辄探讨曾点的"浴乎沂,风乎舞雩,咏而归"。王阳明与朱子同是儒家,但是却走了一条自己的修身之路,他一生通过立必为圣贤之志到格竹子到问道道士和尚、静坐修为直至在龙场悟道中重新体会大学格物之旨而豁然洞悟直到晚年提出"四句教",其实在人格修养中真正会通了三教,指出"乐是心之本体",将修持功夫中的敬畏与洒落统一了起来:

阳明在《答舒国用》的书信中,集中表达了自己的观点:

> 君子之所谓洒落者,非旷荡放逸,纵情肆意之谓也,乃其心体不累于欲,无入而不自得之谓耳。夫心之本体,即天理也。天理之昭明灵觉,所谓良知也。君子之戒慎恐惧,惟恐其昭明灵觉者或有所昏昧放逸,流于非僻邪妄而失其本体之正耳。戒慎恐惧之功无时或间,则天理常存,而其昭明灵觉之本体,无所亏蔽,无所牵扰,无所恐惧忧患,无所好乐忿懥,无所意必固我,无所歉馁愧作。和融莹彻,充塞流行,动容周旋而中礼,从心所欲而不逾,斯乃所谓真洒落矣。是洒落生于天理之常存,天理常存生于戒慎恐惧之无间。[1]

阳明自己所认为的真正的洒落即是"君子之所谓洒落者,非旷荡放逸,纵情肆意之谓也,乃其心体不累于欲,无入而不自得之谓耳"。这就是"敬畏","而其昭明灵觉之本体,无所亏蔽,无所牵扰,无所恐惧忧患,无所好乐忿懥,无所意必固我,无所歉馁愧作。和融莹彻,充塞流行,动容周旋而中礼,从心所欲而不逾,斯乃所谓真洒落矣"。按阳明的说法,洒落既不是情欲的放纵恣肆,也不是身心的自我负荷,像

---

〔1〕王守仁:《答舒国用(癸未)》,《王阳明全集》,上海:上海古籍出版社,1992年,第190—191页。

恐惧忧患,牵扯挂碍,而是自己本体的圆满自在,是天理常在,天理常在则何思何虑,这样在个人身心方面就是"无入而不自得"即一切所来都成为个人身心修养的资源,也都成为身心舒适畅溢的资源也即陈淳描述的前贤的境界:"夫子与点之意,颜子乐底意,漆雕开信底意,中庸鸢飞鱼跃底意,周子洒落及程子活泼泼底意",这些个人的身心境界里面都渗透着生机的活泼与身心的快乐,洒落之中蕴含着生命的无限的乐意。阳明曾谓:"予有归隐之图,方将与三子就云霞,依泉石,追濂、洛之遗风,求孔、颜之真趣;洒然而乐,超然而游,忽焉而忘吾之老也。"[1]洒然而乐,这也正是阳明个人身心体验并着力向其学生申说的一个层面。他又说:

> 其良知之体,皦如明镜,略无纤翳,妍媸之来,随物见形,而明镜曾无留染。所谓"情顺万事而无情"也。"无所所住而生其心"佛氏曾有是言,未为非也;明镜之应物,妍者妍,媸者媸,一照而皆真,即是生其心处。妍者妍,媸者媸,一过而不留,即是无所住处。[2]

从这个角度上说再辅之以晚年"四句教",阳明虽然身为儒者确乎对佛老境界已经登堂入室,也可以说在这个角度上已经三教圆融,他通过"致良知"这种儒家的修为方法,使这种入世和出世、敬畏和洒落等的困惑矛盾圆融沟通达成一体和一致。如果说王阳明是努力圆通儒家内部敬畏与洒落的冲突,而湛然居士则是徘徊于儒释道三者之间的济世与出世的纠结,在悠游与济世的纠结中寻求突破,以深沉和超然相偕的姿态用世。

---

〔1〕王守仁:《别三子序丁卯》,《王阳明全集》,第226—227页。
〔2〕王守仁:《答陆原静书》,《王阳明全集》,第70页。

　　湛然居士早年即已经开始学遍三教,在日常之用中以证佛法,也体现出很高的境界,但与此同时,也不时展现出他身陷世事以求脱身又不忘救济苍生之间的矛盾心态和不断自我调和、调适的状况。他在《和移剌继先三首其一》中谓:"世上元无真是非,安知今是而昨非。""已悟真如匪去来,自然胸次绝忧乐。断梦还同世事空,浮云恰似人情薄。""而今不得安疏懒,自笑绦笼困雕鹗。勉力龙庭上万言,男儿志不忘沟壑。"[1]从开头几句看,湛然已经超脱藩篱、打碎枷锁,凛然有出世情怀,但是末后又突然一变,"勉力龙庭上万言,男儿志不忘沟壑"。这是孟子反复提示的施政者必须关怀的,也就是后世儒者所反复强调的鳏寡孤独之辈也就是我们今天所说的弱势群体:

　　　　"凶年饥岁,君之民老弱转乎沟壑,壮者散而之四方者,几千人矣;而君之仓廪实,府库充,有司莫以告,是上慢而残下也。曾子曰:'戒之戒之! 出乎尔者,反乎尔者也。'夫民今而后得反之也。君无尤焉! 君行仁政,斯民亲其上,死其长矣。"(《梁惠王章句下》)

　　　　"凶年饥岁,子之民,老羸转于沟壑,壮者散而之四方者,几千人矣。"(《公孙丑章句下》)

　　　　"志士不忘在沟壑,勇士不忘丧其元。"(《滕文公章句下》)

　　作为儒家的志士仁人,必须心忧天下,尤其是那些处于艰难困苦中的人们。湛然从抛却来去、泯灭异同慨然又转为解救苍生的大丈夫,象诸如此类的诗句还有很多。在《用前韵感事二首》(其二)谓:"穷理达生独孔子,叹夫逝者如斯水。岁不我与其奈何,两鬓星星尚

<hr>

　　[1]耶律楚材:《和移剌继先三首其一》,《文集》第4—5页。

如此。曩时凿破藩垣重,泽民济世学英雄。""惟思仁义济苍生,岂为珍馐列方丈。箪瓢陋巷甘孤穷,鸿鹄安与燕雀同。天与之才不与地,反令竖子成其功。安得光明侪日月,功名未立头如雪。问君此错若为多,使尽二十四州铁。"[1]《和移刺继先韵二首》(其一):"旧山盟约已愆期,一梦十年尽觉非。瀚海路难人去少,天山雪重雁飞稀。渐惊白发宁辞老,未济苍生曷敢归。去国迟迟情几许,倚楼空望白云飞。"[2]《和杨居敬韵二首》(其一):"仁义且图扶孔孟,纵横安肯效秦仪。行看尧舜泽天下,万国咸宁庶成熙。"[3]《感事四首》(其四):"人不知予我不尤,濯缨何必拣清流。"[4]以仁义行天下、泽民济世、未济苍生、不择清流等等不能不让人浩叹湛然居士的悲悯情怀。他的理想是:"尧舜规模远,萧曹筹策长。巍然周礼乐,盛世汉文章。神武威兼德,徽猷柔济刚。""佐主难及圣,为臣每愿良。""明德传双叶,宽仁洽万方。"[5]"未能仁义戢干戈,勉将敦厚惩浇薄。"[6]但是,湛然虽然心忧天下、志存高远,但是又时时生发归隐之志、闲静向往。他在《和移刺先韵二首》中:"不事王侯懒属文,时危何处觅元勋。他年收拾琴书去,笑傲林泉我与君。"[7]又在《过清源谢汾水禅师见访》里向往:"山水景中君得意,兵戈堆里我销魂。他年相约云深处,松竹萧萧静掩门。"[8]前句似乎是说,时危艰困,解救黎庶不得不为之,但是仍然心存山麓、寄意林泉,仍望萧然而去、洒脱风流,也就是后面一首

---

〔1〕耶律楚材:《用前韵感事二首》,《文集》第27页。
〔2〕耶律楚材:《和移刺继先韵二首》,《文集》第21页。
〔3〕耶律楚材:《和杨居敬韵二首》,《文集》第36页。
〔4〕耶律楚材:《感事四首》,《文集》第105页。
〔5〕耶律楚材:《和李世荣韵》,《文集》第2页。
〔6〕耶律楚材:《和移刺继先三首其二》,《文集》第5页。
〔7〕耶律楚材:《和移刺先韵二首》,《文集》第21页。
〔8〕耶律楚材:《过清源谢汾水禅师见访》,《文集》第39页。

所说的"他年相约云深处,松竹萧萧静掩门"。思乡和归去的念头有时同时而至:"白雁来时思北阙,黄花开日忆东篱"。[1]"可怜游子投营晚,正是媂亲倚户时。异域风光恰如故,一销魂处一篇诗。"[2]

而且不仅如此,湛然居士有时还浩叹身心生命全托付给了世俗事业。"西域风尘寒漫游,十年辜负旧渔舟。""深思篱下西风醉,谁羡班超万里侯。"[3]在《过天城和靳泽民颂》中谓:"何日解官归旧隐,满园松菊小庵清。"[4]"几时摆脱闲缰锁,笑傲烟霞永自由。"[5]"世乐讵能敌静乐,蓑衣到底胜朝衣。"[6]在这种似乎两难的境地中,湛然居士显然有通过佛法修养不断地自我调适。他在《再用韵赠国华》明确学道宗儒此事不易完全圆融无碍的调适好:"学道宗儒难两全,湛然深许国华贤。儒门已悟如心恕,道藏能穷象帝先。似海辞源涵万水,如鲸饮量吸长川。而今一识君侯面,始信清名不浪传。"[7]虽然似乎对方已经有了很高的融通,但是湛然居士在这里的意思显然是,学道宗儒是需要费力调和的,他自己也进行了很深的探索。他在《和南质张学士敏之见赠七首》其二中写道:"漏沉沉,竹萧萧,蒲团禅定坐终宵。""性海澄澄波不起,宛似冰壶沈玉李。庸人泥教不知归,七窍凿开混沌死。虽云至道绝音容,不离幻有成真空。"[8]显然,湛然此语既是佛家真言,同时也不离儒家的至道,不离幻有就是不离世间成就大乘佛法,在世俗功业中获得自性的圆满。他在《和百拙禅师韵》中

---

〔1〕耶律楚材:《和裴子法见寄》,《文集》第32页。

〔2〕同上。

〔3〕耶律楚材:《过云川和刘正叔韵》,《文集》第60页。

〔4〕耶律楚材:《过天城和靳泽民颂》,《文集》第62页。

〔5〕耶律楚材:《感事四首》其一,《文集》第104页。

〔6〕耶律楚材:《和人乐二首》其一,《文集》第85页。

〔7〕耶律楚材:《再用韵赠国华》,《文集》第66页。

〔8〕耶律楚材:《和南质张学士敏之见赠七首》,《文集》第11页。

又说:"十方世界是全身,气宇如王绝比伦。与夺机中明主客,正偏位里辨君臣。眠云卧月辞三岛,鼓腹讴歌预四民。了了了时谁可晓,闲人元不是闲人。"[1]这里虽然是说的出家人貌似闲人并不闲,但是换句话说,也可以说忙人也可以并不忙,什么是忙?什么是闲?全看你的心是忙还是闲!因此他又说:"从教人笑彻骨穷,生涯原与千圣同。鸟道虽玄功尚在,不如行取无功功。"[2]自从一箭透重关,触处忘缘触处闲。"[3]在《释奠》中提出:"儒流释子无相讽,礼乐因缘尽假名。"[4]从这些意思看来,湛然居士试图或已经在日常之间打通佛儒,以佛家智慧做入世行动,在无心、无功、无名、无为的关照下从事有为的事业。但是,实际上,在入世出世、随缘行儒与归隐修养之间仍有一些纠结。不过,总体上看,湛然居士是以佛禅的智慧回资世俗事业,形成一种特殊的智慧境界。他提到:"祖道禅林恣游戏,尧风舜德甘嘘吹。达人不为造物役,打破东西与南北。毛吞巨海也寻常,出没纵横透空色。真如颇与羲经同,不动确乎无吉凶。"这种不动当然不是身体行为的不动而是心态的宁静,心不为物驱役,这个时候的真如则与儒家的伏羲文王的卦经也是一样的。[5]到这时,就是"百事湛然都不念,只祇渴饮与饥餐"[6]。

这样说,是不是湛然居士已然岿然不动、心气调和、万念无虑了呢?其实,他的心底的"纠结"仍可以说是无时不在的:"常思卧隐云乡外,肯效行吟泽国滨。"[7]只是说明"中隐强陪人事过,禅心不与世

---

〔1〕耶律楚材:《和百拙禅师韵》,《文集》,第19页。

〔2〕耶律楚材:《复用前韵唱玄》,《文集》第25页。

〔3〕耶律楚材:《外道李浩求归再用韵示景贤》,《文集》第35页。

〔4〕耶律楚材:《释奠》,《文集》第46页。

〔5〕耶律楚材:《和裴子法韵》,《文集》第9页。

〔6〕耶律楚材:《再用韵唱玄》,《文集》第68页。

〔7〕耶律楚材:《再用韵自叹行藏》,《文集》第59页。

情违"。强调禅心佛意并不排斥对世俗事物的关注乃至于有所作为，他和王阳明有所不同的是，他是从佛家的智慧来把握这种调和、融合、雍容的可能性的。

　　儒佛是两行，各自为政；还是一体，彼此相偕。自本自根，还是相资为用，从阳明和湛然可以窥豹一斑：从王阳明我们可以看到，儒家的格致诚正也可以精深到佛家的智慧，精神修养从儒家可以升至佛禅；我们从湛然居士也可以看到，运用佛家的智慧也可以入世，佛家的智慧也可以资用于入世的事功之中。这两位前贤也启示我们所谓"入世"、"出世"也是兼能的，只要养心出发。而儒家与禅学并非两行而是一体，虽然入处进路可以不同，但是境界可以近似或通达，其差异仅在于入手处与得力处有所不同，至少不像很多人想象的那样是截然二分甚至对立的两极。因此，这种会通为士大夫和当代知识分子的精神修养的多重复合选择提供了各种可能。

四、生命与良心：儒佛交接与涵摄之主题
——以王阳明与现代"生活禅"学为中心的考察

　　佛教及其学说传入中国之后，在唐宋的文人士大夫阶层中激起的回应是热烈的，甚至一部分人从辟佛到向佛，如韩愈等，更不要说柳宗元、刘禹锡、白居易、苏东坡、黄庭坚等人的学习佛禅。但是这些士大夫文士还不是道学家即儒家道统的自觉的传承和阐释者，虽然韩愈有此自承但仅仅是个开端还不是理论上的创造，因此他们的学佛还不是一个理论上的建树历程，只是个人化的行为，并没有改变儒家在自身范围内试图重新确定思想学术规划与范围的努力，这一点正是宋明理学家们的工作及其贡献，同时也恰恰是这些专注、至诚的理学家（或道学家）在这个重建儒学的过程中在宋明达成了与佛家思想一次伟大的也可能是出乎意外的融合。宋明道学家在思想与行动上以不同方式吸纳了佛学思想，程朱理学家以回应的方式自觉或不自觉地采纳了一些隋唐发展起来的中国佛学思想；而陆王心学家则是在个人身心修养过程中在某些方面与佛教尤其是中国禅宗形成了共鸣，这种强度甚至超出了本来儒家学者自身所能接受的程度与范围甚至造成自身内部的冲击和分裂，并形成了儒佛之间在思想认知和修养境上的连续性。这种连续性表现在儒学的思想境界不仅突

破了先秦孔子思想的范围,甚至达到并超越了孟子的思想范围。一方面儒学与道家达成了认识上的和解,进而佛家尤其是中国禅宗的修养境界进入了儒学家的修养视野和思想认识之中,并形成了一个可以调适上遂的连续统:也即儒家修养尤其是内圣层面的向上一机却体现在佛家的修养进境之中或者与之相沟通,这一点最明显地表现在陆象山的弟子杨慈湖和明代王学的创始人王阳明那里,禅儒在他们那里已经接榫,形成互补共生乃至于上遂超迈的境界路向;[1]同时也受此影响,一些儒士或早期接受儒家文化影响或教化的人士认真学佛并成为佛教界的大德,或者佛教人士对儒家世俗伦理观念的认可与一定程度的吸收,也丰富和推动了佛学与佛教深入社会的可能。这种双重和双向的思想运动推动了儒佛之间的互摄与交融,虽然各自依然有明确的边界和范围,但是在思想方法、认识论和修养方式上都形成了一些重要的革新、创新,并对中国近世的思想发展产生了深远的影响:明末的三教合一思想,近代以来的人生佛教和当代的"生活禅"运动都包含了这种思想发展的成果。

儒学与佛学尤其是禅学的交集在生命的关怀与修养上面,也就是儒学之内圣层面。儒家是世俗或现实世界的学问,但是也有天道性命的关切,而且是以此为本的即所谓"自天子以至于庶人壹是以修身为本"(《大学》)。但是,这一点并不是总能为儒学中人所共识,尤其是修身的目标、次第、方法、路径等更是家言各殊。但是揆诸历史以及儒学历史,内圣凸显则儒学生机盎然,内圣湮没则儒学蜕为儒术直

---

[1] 陆象山病逝,被朱子说成为"死了告子"以别正统,隐晦地将象山视作道家或儒学异端,但是其弟子杨简则被直斥为"禅",阳明及其弟子同样如是,在阳明时期,这似乎还是一个儒学中的贬义,因此阳明一方面为禅学与儒学的沟通辩护,一方面又为自己的儒家身份辩解,但是到阳明后学开始推动三教合一,对儒禅互动的认识已经开始发生改变,从那时一直到今天,可以说这一进程还在持续进行当中。

至遭到帝王弃毁，因此，内圣之学即所谓儒学流派中的心性之学是儒学的命脉，外王学只有建筑其上才有儒学之特质和中国文化之特色。同时儒学之内圣之学的深度开发能够达成儒释道的相互沟通，而这一点在思孟开端绪，大程子、陆象山承其脉，至王阳明终大成。过去阳明被指斥为禅是从儒学内部的思想争论尤其是正统之争的无谓诉讼，而今天我们再来审视阳明学之近禅则是一种积极的视角，是从它的内圣之向上的空间性来考诸，反过来阳明也有批评禅学的时候，而其基本唯一的理由则是其"不可以治天下"[1]。从近代"人间佛教"和当代"生活禅"之法门的兴起，当然仍不以"治天下"为宗，但却是更多地将现实世界的关怀凸显出来。这种禅儒的相近与沟通，一方面征兆近代以后的儒学和禅宗的契理契机之发展，同时也为现代人的身心成长打开了更广大空间，也为儒学人士和佛教徒的沟通交流提供机遇，尤其是知识分子大多游弋二者之间，使自己身心生命之涵养更优容而不是自我紧张和割裂，此也为本章探讨之意义所在。在这种禅儒的交接与互摄之中，关于生命、人生与生活的认识以及良知与良心观念在儒家学者还是佛教大师那里都得到最强烈的重视，成为他们思想认识论和修养方式的重要支点，这种不同思想或生命修养流派中的共性特别值得我们研究与探讨。

本章拟以其中重要的思想家王阳明和当代"生活禅"运动的创立者净慧法师的思想为考察的中心并对此做一初步分析。

一、身心之学与人生之禅

（一）身心生命之学：回归儒家的内圣之本。

《论语》开篇即讲"学而时习之，不亦说乎？"那么学是学个什么？

---

〔1〕王守仁：《传习录》上，《王阳明全集》，吴光等编校，上海：上海古籍出版社，1992年版，第 29 页，以下引自该书，概简称《全集》。

所学是为了什么？孔子又有一句"子曰：'古之学者为己，今之学者为人'"（《论语·宪问》），遂有后世"为己之学"的说法及实践进路。紧随孔子之后，将"为己之学"加以阐释和发挥的是孟子和荀子。孟子说："君子深造之以道，欲其自得之也。自得之，则居之安；居之安，则资之深；资之深，则取之左右逢其原，故君子欲其自得之也。"（《孟子·离娄下》）已经不可能再找出另外哪一个人能像孟子和他这句话这样的直接明白和透彻的了，因此，阳明曾反复向学者陈述孟子此言，就是要说明学之为己的道理，按孟子这句话来说，"学"就是要让自己受益，那么具体来说，怎样学才能成为为己之学，让自己受益呢？荀子在《劝学篇》中有一个好的解释："古之学者为己，今之学者为人。君子之学也以美其身，小人之学也以为禽犊。"前面又有"君子之学也，入乎耳，箸乎心，布乎四体，形乎动静，端而言，蠕而动，一可以为法则。小人之学，入乎耳，出乎口，口耳之间，则四寸之间，曷足以美七尺之躯哉？"（《荀子·劝学》）荀子这段话，一是君子之学其目的在美其身，其二，只有从耳入之，并进乎心，并通达于四肢，见之于行动，成为个人的生活方式，才是有效的，如果只是从耳入，从口出，姑妄听之，姑妄言之，不能变成个人生命经验，那是徒然的，学是空学，言也是空言。无论荀子是否自己亲身实践了他的诠解，但是其说法是可靠的，合乎孔子和当时儒家乃至于诸子的修身之道。孟子则以生命经验展示了这种身心生命之学的成果，它也正是会之于身心、现之于形体的："君子所性，仁义礼智根于心，其生色也睟然，见于面，盎于背，施于四体，四体不言而喻。"（《孟子·尽心上》）朱熹在《四书集注》中对这句话有一段详解："四体不言而喻，言四体不待吾言，而自能晓吾意也。盖气禀清明，无物欲之累，则性之四德，根本于心，其积之盛，则发而著见于外者，不待言而无不顺也。程子曰：'睟面盎背,皆积盛致然。四体不言而喻,惟有德者能之。'"〔1〕这段话是讲,道德意识根植于心,则清明之气浩然充沛,贯布于四体,意气相通,神清气朗,身心自然舒畅与和谐,这也就是达到了荀子所说的美其身的境界,也就是"为己之学"所试图努力的方向了。"为己之学"究其实是个体身心生命之学或变化气质之学或生命觉悟之学或身心安顿之学,此为先秦儒家所奠定儒学命脉之根基。汉代考据丧失儒家内圣之本,蜕为儒术而遭致魏晋玄学和隋唐佛学的反拨,宋儒开始重新提撕生命学问,但是朱子的格物穷理与持敬修养的两分使后世学者陷于困惑,阳明也是在此种挣扎中重新回到儒学从身心把握生命和生活的路向。

阳明从小就立下必为圣人之志,但是他也曾经历一段求学问道的曲折,先是著于诗文辞章的嗜好,又曾遍览考亭格物求理为学,终于无所收获转而鞭辟入里,龙场悟道后颖悟为己勿外,因之,曾严格警励学者"君子之学,务求在己而已"。〔2〕即学者为学要关注在自己身心生命的转化上,辞章之道率在为人,而圣学则根在为己,为己之学遂成为阳明思想的命脉。怎样修持才算是真正的切己并体悟天道天理,这是王阳明在遍览考亭之书而格竹子一无所获后苦思冥想的问题,最终的"龙场悟道"让他走向了直捷敏利的"良知学"。这个良知学的根基又在自己身心的操持修养上面,因为良知不在外部世界而在个人自身,这也是他自己多年生命体悟修证的结论,自此专事倡导身心之学,他曾专门将大程子的语录张贴以示门人:"明道先生曰:'人于外物奉身者,事事要好,只有自家一个身与心却不要好。苟得外物好时,却不知道自家身与心已自先不好了也。'"〔3〕在阳明

---

〔1〕朱熹:《四书章句集注》,北京:中华书局,1983年,第355页。

〔2〕王守仁:《答友人》,《全集》,第207页。

〔3〕王守仁:《书明道延平语附跋》,《全集》,第1184页。

看来,世人皆追求外物的好,却不顾及自己身心的好,自己身心的好以及何以才能好才是儒家所有问题的起点,这是走向圣学的典要,循此才能得圣学之本。兹如钱德洪所言"当今天下士方驰骛于辞章,先生少年亦尝没溺于是矣,卒乃自悔,惕然有志于身心之学"。[1] "是年先生门人始进。学者溺于词章记诵,不复知有身心之学。先生首倡言之,使人先立必为圣人之志。"[2]这个词章记诵已经不仅仅是指向诗词歌赋科举作文而且也指向了朱子之学的格物求理。另外,朱子的格物持敬不能回到个人身心上来,也就无法实现成圣的理想,尤其是格物求知的路向,变成了身心向外的投射,是舍本逐末。阳明的身心之学是与辞章之学相对立也是与朱子的格物持敬之学相对待的,这是在经历了对朱子学的亲身体证之后的幡然悔悟同时也是他自己进一步身体力行返身修证之后的现身说法:

先生曰:"众人只说格物要依晦翁,何曾把他的说去用?我着实曾用来。初年与钱友同论做圣贤,要格天下之物,如今安得这等大的力量?因指亭前竹子,令去格看。钱子早夜去穷格竹子的道理,竭其心思,至于三日,便致劳神成疾。当初说他这是精力不足,某因自去穷格。早夜不得其理,到七日,亦以劳思致疾。遂相与叹圣贤是做不得的,无他大力量去格物了。及在夷中三年,颇见得此意思乃知天下之物本无可格者。其格物之功,只在身心上做,决然以圣人为人人可到,便自有担当了。这里意思,却要说与诸公知道。"[3]

---

〔1〕钱德洪:《刻文录叙说》,《全集》,第 1579 页。
〔2〕王守仁:《年谱一》,《全集》,第 1226 页。
〔3〕王守仁:《传习录》下,《全集》,第 120 页。

阳明是在经历一番格物的功夫之后才真正意识到格物求理的外在化、表面化的。虽然阳明的用力看上去似乎不可理喻，但是相较于朱子格尽天下之理然后豁然贯通，意思是一样的，效果也是如此，即向外求理的方法是行不通的。阳明后来和许多朱子学者都进行了这方面的辩难，阳明深以儒门不修身心而以空谈为虑，不以体道而以训诂考证为忧：

> 夫德之不修，学之不讲，孔子以为忧。而世之学者稍能传习训诂，即皆自以为知学，不复有所谓讲学之求，可悲矣！夫道必体而后见，非已见道而后加体道之功也；道必学而后明，非外讲学而复有所谓明道之事也。然世之讲学者有二：有讲之以身心者；有讲之以口耳者。讲之以口耳，揣摸测度，求之影响者也；讲之以身心，行著习察，实有诸己者也，知此则知孔门之学矣。[1]

阳明教人在自己身心上用功，可以说是发自肺腑，时时提撕，他曾告诫学者，"大抵此学之不明，皆由吾人入耳出口，未尝诚诸其身。譬之谈饮说食，何由见得醉饱之实乎？"[2]他曾为诗《有僧坐岩中已三年诗以励吾党》："莫怪岩僧木石居，吾侪真切几人如？经营日夜身心外，剽窃糠粃齿颊余。俗学未堪欺老纳，昔贤取善及陶渔。年来奔走成何事，此日斯人亦起予。"[3]在他看来，儒家为圣之学究竟是一个身心上着力的功夫，人们终日汲汲于功名利禄之繁杂，日夜操持于个人身心生命之外的皮毛琐屑，如果终日沉耽于此，最终能够成就什么呢？如此终日，还不如枯坐石居的这位僧人啊！故其随行在各地即

---

〔1〕王守仁：《答罗整庵少宰书》，《全集》，第75页。
〔2〕王守仁：《与席远山》，《全集》，第180页。
〔3〕王守仁：《全集》，第776页。

推此身心学问工夫："务去旧染卑污之习，以求圣贤身心之功。"[1]
"除行廉州府及所属县外，牌仰本官即便前去该府及所属县，行各掌
印官召集各该县师生，遍行开导训告，各行立志敦本，求为身心之学，
一洗旧习之陋，度量道里，折中处所，于灵山县儒学住歇，令各县师生
可以就近听讲。"[2]

阳明的身心之学不是为身心而身心，而是为个体身心生命找个
根本、寻个支点。他曾感慨说："人生动多牵滞，反不若他流外道之
脱然也，奈何奈何！"[3]后来在以良知学淑世之后曾对友人表白良知
乃是个体生命的本原，由此修养可使个人有道可依、身心生命的根基
可得培固，可使个体生命生机旺盛、快乐从容。他说：

> 后世人心陷溺，祸乱相寻，皆由此学不明之故。只将此学问
> 头脑处指掇得透彻，使人洞然知得是自己生身立命之原，不假外
> 求，如木之有根，畅茂条达，自有所不容已，则所谓悦乐不愠者，
> 皆不待言而喻。[4]

> 譬之种植，致良知者，是培其根本之生意而达之枝叶者也；
> 体认天理者，是茂其枝叶之生意而求以复之根本者也。然培其
> 根本之生意，固自有以达之枝叶矣；欲茂其枝叶之生意，亦安能
> 舍根本而别有生意可以茂之枝叶之间者乎？[5]

这样他的学说一方面直承孔门内圣为己之学并将之最大限度明确和

---

〔1〕王守仁：《牌行灵山县延师设教》，《全集》，第633页。
〔2〕王守仁：《牌行委官陈逅设教灵山》，《全集》，第634页。
〔3〕王守仁：《与黄宗贤(戊寅)》，《全集》，第153页。
〔4〕王守仁：《寄邹谦之(丙戌)》，《全集》，第204页。
〔5〕王守仁：《与毛古庵宪副(丁亥)》，《全集》，第219页。

深化，讲之于身心的直接后果是从身心的端绪良知出发最后回归到良知本体，这是阳明良知学的根本之所在，同时由此出发又开辟了与佛老接榫的路径——从身心生命的修为上着力用功，即在内圣上一路径直下去然后其向上的标的自然而然，出乎孔孟乃至于超乎孔孟则可期矣，阳明晚年的"四句教法"正是这种儒佛交汇的证成。

（二）生活禅的现实生命与生活关怀：正报庄严和依报庄严。

儒家的身心生命修养是以不脱离于现实社会及其现实人生关怀为背景的，因此是从现实人生中寻找究竟的安身立命之道，净慧法师首倡之"生活禅"则是依托如来禅、祖师禅的生死解脱之道和人间佛教的现实关怀的双重背景向人间社会的回归、对现实生命和生活的延伸关切。佛家之身心修养是其本分当行的本事，生活禅的特质一方面传续此一本分，同时又将其扩展到"社会广众之生活"层面，在这个扩大的层次上深究身心生命的解脱智慧道路，在这个过程中直接展现"生活禅"的淑世情怀。生活禅之"生活"其实涵括了人的生命、人生和生活，这三个词虽然各有偏重，实质意义则一，而它在英文中也只是一个词。从净慧法师所倡导的生活禅之内涵来看，可以概括为：直面人生、善待生命和完善生活，当然它是用佛教的智慧和力量。他说：

> 在此世间最为珍贵的莫过于生命，在此世间，最具开发价值的莫过于生命。一切财宝没有生命珍贵，一切的权力没有生命重大。面对这一最可贵之物，今天我们有幸获此人生，千万不要等闲空过，应该好好地来修养我们的生命，使我们的生命不断净化，不断升华，不断获得无量光明和无量寿命。[1]

---

〔1〕净慧：《生活禅钥》，北京：生活·读书·新知三联书店，2008年，第245页。

　　但是生命之于我们是一个过程,这个过程之所以不能空过,因为你必须面对它,因为做人实际上是有艰难曲折的,在生命本身的存在中需要我们解决的问题很多。他说生活禅"我想讲来讲去,无非是要我们如何来直面人生,我们所面临的人生,做人是件很难的事情"。"这样的一种人生,使我们会有很多的烦恼和痛苦,这就是需要我们用佛法来化解,用佛法来提升,用佛法来使这些不圆满的事情能够得到圆满与自在。"[1]直面人生是直面在纷纭复杂的现实世界中的人类个体和群体的生活,这是过去佛教所较少提及的或不是它的重点,从人生佛教和人间佛教提倡以来,这是一个大的转向或发展,而"生活禅"对于现实人生的关怀与关切是它的一个重要的出发点,净慧法师曾为此慨言之:"信佛学禅不是逃避人生,而是要关怀人生、觉悟人生、奉献人生。生活禅把深奥难懂的教义以亲切活泼的方式表达出来,因而易于被现代社会忙碌的人们所接受,使佛法以新的面貌参与社会主义精神文明建设,发挥其应有的效益。"[2]"生命的觉悟要求我们珍惜人生、热爱人生,承当人生的自在圆满、清净喜悦,这就是禅的人生,也是菩萨的人生。"[3]"我们要生活在责任和义务当中,我们分分秒秒都要落实自己的生命,安顿自己的生命。"[4]他认为,回顾近百年佛教史,因为一部分人过分强调出世和死后解脱而与现实社会相脱节,与大众人群相疏离,"这种状态极大地冲淡了佛教积极关怀社会人群的大乘菩萨精神,人为地拉大了佛教与现实社会的距离,削弱了佛教对现实生活的摄受力和教化力"。改变这种状态就要,"强调佛教要以社会人生为本位,以利他为途径,以解脱为归宿,

〔1〕净慧:《中国佛教与生活禅》,北京:宗教文化出版社,2005 年,第 133 页。
〔2〕同上书,第 120 页。
〔3〕同上书,第 121 页。
〔4〕同上书,第 122 页。

提倡积极地关怀社会、人生和大众，积极地承担责任和义务，突出要'在尽责中求满足，在义务中求心安，在奉献中求幸福，在无我中求进取，在社会中透禅机，在保任中证解脱'这一修行理念"[1]。

> 修习生活禅要求在生活中勤修戒定慧三学和慈悲喜舍四无量心，尽职尽责，奉献力量，以佛法的智慧指导生活，点化生活，净化身心，使人生活得幸福、自在、洒脱、安详、有意义、有价值；在生活中体验法乐和禅悦，获得正受，从而超越生活，勘破生死，并带动周围的人一起过好正见正受的生活，进而净化国土社会，庄严人间净土。[2]

直面人生、关怀人生就要面对人生的种种问题，从人类来说就是面对人类自身的无明烦恼，但不一定直接就去寻求了生脱死，而是在现实生活中谋求觉悟，这就是寻求心灵的觉醒、解放和自由。追求心灵的解放与自由正是禅宗的优长，而致力于在现实生活中的心灵自由与觉醒则是生活禅的一个最显赫的特色，净慧法师指出：

> "佛陀的教法并非凭空施设、无的放矢，而完全是为了救治众生的疾病，是应病与药。药是为了病而设的，离开了病，药全无价值。这样看，佛法不能在众生的疾苦之外存在，它应该与众生紧密相关、呼吸与共。否则就会为人们所遗忘，乃至被时代所抛弃。"[3]"佛陀的教法是当机的。这个'机'是指一切时空里的众生，而不仅限于古印度。佛陀对人类内心世界及生命规律的

[1] 净慧：《中国佛教与生活禅》，北京：宗教文化出版社，2005年，第124页。
[2] 同上书，第127页。
[3] 同上书，第2页。

揭示过去如是，现在如是，未来亦如是。"〔1〕"人本的佛教，就是要以人为本，关怀人生、发达人生、净化人生，着眼于现实人生当下烦恼的淡化、智慧的增上、道德的提升、生活的改善，从而达致人生的解脱。珍视人生，这其实是佛教的本义。""人本的佛教应该高扬觉悟人生、奉献人生的主题，以之启迪、摄受现代人。觉悟人生是智慧解脱，奉献人生是慈悲关怀。二者的融合无间就是菩萨的人生，是大乘佛教的真精神。"〔2〕

这种直面人生困扰、勇力担当解决的精神既是佛家的菩萨精神和大雄精神，同时也是儒家的圣贤、君子和大丈夫气概，因此在这里他和儒家思想产生了共鸣，他在《提升人性　回归佛性》中大段引述儒家《大学》内容："古之欲明明德于天下者，先治其国。欲治其国者，先齐其家。欲齐其家者，先修其身。欲修其身者，先正其心。欲正其心者，先诚其意。欲诚其意者，先致其知。致知在格物。物格而后知至，知至而后意诚，意诚而后心正，心正而后身修，身修而后家齐，家齐而后国治，国治而后天下平。自天子以至于庶人，壹是皆以修身为本，其本乱而末治者否矣。"他接着说："这段话讲得非常到位，它抓住了'格物、致知、诚意、正心、修身'这个大本，本立起来了，个体自然怡乐，人际关系自然融洽，社会自然祥和，世界自然和平，可惜的是，我们过去多在末上用功夫，而对本却关注得太少。'本乱而末治者，否矣'，真是一语中的。人心乱了，家庭、社会和世界乌得不乱！"〔3〕这也正是千年以来禅宗的特质所在：直指人心。但是过去的"直指人心"是直下心源，而生活禅则是直指现实生活状态、现实世界和整

〔1〕净慧：《中国佛教与生活禅》，北京：宗教文化出版社，2005年，第3页。
〔2〕同上书，第5页。
〔3〕同上书，第36页。

个现代人类生活状态、生存状态下的人心，以净化自己的身心实现正报庄严和依报庄严，也就是个体和周围整个世界的庄严、礼乐：

> 我们学禅修行的最终目的，就是要成就我们的正报庄严和依报庄严。所谓正报，就是我们因过去的业力所感得的身心状况。正报庄严就是要庄严我们的身心，要使我们的身心从烦恼、无明、染浊以及五蕴所聚的有漏的凡夫状态转化为清净、安详、智慧的无漏的圣觉状态。所谓依报，就是我们的生命所赖以生存的山河大地、宇宙万有。依报庄严就是要美化我们的环境。学佛到了最后境界，就是使正报和依报，也就是说身心和环境，同时达到清净、圆满、究竟、庄严的状态。这是佛教各宗各派共同追求的一个终极目标。[1]

净慧法师讲到正报和依报具有较新的含义，因为他是从生活禅的视角出发来重新阐发的。生活禅本身是一个不脱离或不外在于人类生活世界来修行的法门，当然是殊难其难的，在现实生活中修行，它的正报和依报的相依性特别密切，个人的身心与整个周围世界紧密联系在一起。修个人身心离不开周围环境的存在，改善外部环境又必须依赖于个体身心的净化，这种相关性与山林清修不可比拟，这也正是儒家尤其是心学一系又尤其是阳明学所同样致力的目标：从改变个人生命的角度改变社会，同时社会环境的提升与完善也给个人生命的提升提供了积极的条件。这一点也特别切合于当代现实，尤其是现代科技发展迅猛，人类征服世界的欲望不断提升，周围世界纷扰涌乱混杂，人心浮躁、世界动荡，而且世界的一体化加剧了人群

---

〔1〕净慧：《生活禅钥》，北京：生活·读书·新知三联书店，2008年，第99页。

的歧见、纷议和矛盾,这种环境本身对个体的身心修养是直接的挑战,当然惟其如此,这种修养的需求愈发显得迫切,它的成功也将是殊胜难得的,我们也在此处看到禅宗尤其是生活禅与儒学尤其是阳明良知学在生命关怀与心灵塑造方面的相沟通处。

二、事上磨练之正念论与"当下一念"的生存方式禅

(一)良知学的生存样态:事上磨练与"一念之诚"的日用功夫。

儒家修养不可能离世出家,阳明虽然强调个人在自己身心上用功,但是并不赞成遗世独立,他曾经教导学生一段静坐,但是他认为立身还是要在世上磨练,静坐被他说成是"补小学一段功夫"。[1] 而后来一俟提撕"致良知"则将身心内外的修养统合起来,更加强调在"事上磨练",这当然是儒家的一种形态,但是它的目标却是最终获得安身立命的根本,同时不废日常生活,所谓"不离日用常行内,直造先天未画前"。"不离日用常行"就是要着重于日常行住坐卧的修养,譬如孟子有关于"勿忘勿助,必有事焉"的论述,其实是孟子坐养的功夫论,但是后人这两点不能圆融,阳明也曾就此指导他的学生,只要一个"必有事焉"上用功,只要一个"念头正"上用力即可:

> 近岁来山中讲学者往往多说"勿忘勿助"工夫甚难,问之则

---

[1] 阳明虽然后来并不太强调"静坐"功夫,但是在他自己的修养历程和几个著名弟子的修养过程中,静坐还是发挥了难以估价的作用,从他自己早年铁柱宫静坐到筑阳明洞打坐养生一直到"龙场悟道"都没有脱离这一个环节,又譬如为王龙溪"辟一室静坐"等等。也就是说,静坐或打坐在王学中一直是重要的一环,但是阳明为了避免弟子沉湎其中,而不公开倡导而已;同时在某种程度上也有回避"正统"儒家尤其是程朱道学家的借此攻讦的蕴涵,因为阳明在提倡他的学问同时受到了来自各方面的世俗压力,他也不得不为此谨言慎行,避免被直接批评为"禅"。

云："才著意便是助，才不著意便是忘，所以甚难。"区区因问之云："忘是忘个甚么？助是助个甚么？"其人默然无对。始请问。区区因与说我此间讲学，却只说个"必有事焉"，不说"勿忘勿助"。必有事焉者，只是时时去集义。若时时去用必有事的工夫，而或有时间断，此便是忘了，即须勿忘。时时去用必有事的工夫，而或有时欲速求效，此便是助了，即须勿助。其工夫全在必有事焉上用，勿忘勿助只就其间提撕警觉而已。若是工夫原不间断，即不须更说勿忘；原不欲速求效，即不须更说勿助。此其工夫何等明白简易，何等洒脱自在！今却不去必有事上用工，而乃悬空守著一个勿忘勿助，此正如烧锅煮饭，锅内不曾清水下米，而乃专去添柴放火，不知毕竟煮出个甚么物来。吾恐火候未及调停，而锅已先破裂矣。近日一种专在勿忘勿助上用工者，其病正是如此。终日悬空去做个勿忘，又悬空去做个勿助，渀渀荡荡，全无实落下手处；究竟工夫只做得个沉空守寂，学成一个痴騃汉，才遇些子事来，即便牵滞纷扰，不复能经纶宰制。此皆有志之士，而乃使之劳苦缠缚，耽搁一生，皆由学术误人之故，甚可悯矣！[1]

九川问："近年因厌泛滥之学，每要静坐，求屏息念虑。非惟不能，愈觉扰扰，如何？"先生曰："念如何可息？只是要正。"曰："当自有无念时否？"先生曰："实无无念时。"曰："如此却如何言静？"曰："静未尝不动，动未尝不静。戒谨恐惧即是念，何分动静？"曰："周子何以言定之以中正仁义而主静？"曰："无欲故静，是'静亦定，动亦定'的'定'字，主其本体也。戒惧之念是活泼泼地。此是天机不息处，所谓'维天之命，于穆不已'，一息

---

[1] 王守仁：《答聂文蔚》，《全集》，第82—83页。

便是死。非本体之念，即是私念。"[1]

这两个问答本身实际上也是在提示一个有关打坐的问题，即人们的意念思绪纷乱的调整，"勿忘勿助"与修禅要求的既不昏睡又不杂虑是一致的，但是这一点并不好把握，即所谓"才著意便是助，才不著意便是忘"，阳明因病施药，便下问语："忘是忘个甚么？助是助个甚么？"即不要自己给自己增加纷扰，只是要一个"必有事焉"的功夫，尤其是在这个功夫的初级阶段，排除思虑纷扰几无可能，所以只要一个正念，而且甚至指出，人并没有"无念"的时候，这句话似乎武断，其实正是初步用功的要诀，六祖所谓"无念、无相、无住"，正是"应无所住"的表达，而不是人全无念头，因此在阳明就是用正念代杂念，待到杂念搜刮殆尽，良知全幅呈现，则没有动静内外之分别的存在，当然也就没有杂念纷纷或忘、助交织的状态出现了。所以阳明指出，如果不在日常事变中应对调停，只是在"勿忘勿助"的火候上调停毕竟很难，而且里面没有粮食，恐怕米没有煮熟，先把个烧饭的锅煮破了，即"终日悬空去做个勿忘，又悬空去做个勿助，济济荡荡，全无实落下手处；究竟工夫只做得个沉空守寂，学成一个痴騃汉，才遇些子事来，即便牵滞纷扰，不复能经纶宰制。"也就是说，如果仅仅离世用功，不在每日处事上磨练，即便似有所悟，但是一旦应事终不免慌张失措，又倒退回牵制纷扰的状态，心终究不定。所以阳明强调事上磨练，不是不去闻见，而是闻见而不流去，静的功夫与动的功夫也就是日常处事的功夫一起修炼，才至于达到内外兼修、动静一如的境界：

又问："用功收心时，有声有色在前，如常闻见，恐不是专

---

[1] 王守仁：《传习录》下，《全集》，第90页。

一。"曰："如何欲不闻见？除是槁木死灰，耳聋目盲则可。只是虽闻见而不流去，便是。"曰："昔有人静坐，其子隔壁读书，不知其勤惰，程子称其甚敬。何如？"曰："伊川恐亦是讥他。"〔1〕

又问："静坐用功，颇觉此心收敛，遇事又断了。旋起个念头，去事上省察。事过又寻旧功，还觉有内外，打不作一片。"先生曰："此格物之说未透。心何尝有内外？即如惟濬，今在此讲论，又岂有一心在内照管？这听讲说时专敬，即是那静坐时心，功夫一贯，何须更起念头，人须在事上磨炼做功夫，乃有益。若只好静，遇事便乱，终无长进。那静时功夫，亦差似收敛，而实放溺也。"后在洪都，复与于中、国裳论内外之说。渠皆云："物自有内外，但要内外并着功夫，不可有间耳！"以质先生，曰："功夫不离本体；本体原无内外。只为后来做功夫的分了内外，失其本体了。如今正要讲明功夫不要有内外，乃是本体功夫。"是日俱有省。〔2〕

阳明解决格物或事上磨练的具体功夫就是强调一个"一念之诚"，在反省把握个人的一个个念头上着力，念头一正则整个身心无不正；念头不正，良知一觉，反躬自省，则身心重归于正。由察诸念虑之微，逐渐调停自己的身心："毫厘千里之谬不于吾心良知一念之微而察之，亦将何所用其学乎？"〔3〕"我今说个知行合一，正要人晓得一念发动处，便即是行了。发动处有不善，就将这不善的念克倒了。须要彻根彻底，不使那一念不善潜伏在胸中。此是我立言宗旨。"〔4〕

---

〔1〕王守仁：《传习录》下，《全集》，第91页。
〔2〕同上书，第92页。
〔3〕王守仁：《答顾东桥书》，《全集》，第50页。
〔4〕王守仁：《传习录》下，《全集》，第96页。

"孟氏'尧、舜之道,孝弟而已'者,是就人之良知发见得最真切笃厚、不容蔽昧处提省人,使人于事君处友仁民爱物,与凡动静语默间,皆只是致他那一念事亲从兄真诚恻怛的良知,即自然无不是道。盖天下之事虽千变万化,至于不可穷诘,而但惟致此事亲从兄、一念真诚恻怛之良知以应之,则更无有遗缺渗漏者,正谓其只有此一个良知故也。"[1]阳明这种儒家的克己省察其实也合于佛家"万法唯心"和"一念三千"的道理,虽然他没有上升到这个世界观上。净慧法师倡导生活禅,试图将生活禅变成一种现代人尤其是信众的生存方式,其中之路径尤以对于个人"当下一念"的关照最为得力,这既是传统佛法的精髓,同时也契合现代人事务繁忙,难以专门闭门修行所提出的契理契机的法门,是在事物人伦中磨练锤炼的法门,当然这也可与阳明的良知学做一参校了。

(二)"当下一念":把握与实现觉悟生活的生存方式。

净慧法师提倡生活禅,形成了很多初步体系化的内容,除了响亮而达成共识的八字宗旨即"觉悟人生,奉献人生"外,还有四字口诀充分体现了生活禅的禅与生活的统一:"将信仰落实于生活,将修行落实于当下,将佛法融合于世间,将个人融合于大众。"信仰、修行、佛法、个人都是禅的精神和法宝,而生活、当下、世间、大众则是生活世界的本身。在这其中"将修行落实于当下"是具体修行的切己法门,而净慧法师又将这当下着重于"当下一念",也充分展现出生活禅要实现"禅生活"的以修行为个人生存方式的特质:世界的一切的善恶祸福皆由我们的一念所造;生命无限没有始终,但是它又在一念之间,因为每一念都可以因为因果而上溯永远,下及无限[2]:"当下一

---

[1] 王守仁:《答聂文蔚》,《全集》,第85页。
[2] 净慧:《生活禅钥》,第245页。

念处理不好，一切都无从谈起"[1]，当下是一个永恒的概念，这一念过去，下一念还是当下，因此是永恒的当下，每一个当下铸成永恒。[2]

佛教认为，我们众生现前的一念心性，不生不灭、不垢不净、非善非恶、非有非无，但它却有无边的妙用，法尔具足十法界，既能为善，亦能为恶，既能感现天堂，亦能感现地狱。众生轮回由此一心，诸佛解脱亦由此一心。我们的根身世界已所处的器世界，并不是什么外在的神秘力量安排的，它们完全是由我们现前一念心性随业感现出来的。所谓"心净则佛土净，心秽则国土秽"，就是这个道理。

既然世间万象，人生百态，其美与丑、净与秽、祸与福、穷与通、寿与夭，全然系乎我们现前一念心性，因此，对我们来讲，把握并善用现前这一念心性，其意义是非常重大的。[3]

实际上，当下一念是我们生命的根基，又是我们生命相续不断的当下呈现，同时，从现实生命来看，当下的连续性就构成我们的生命时间的整体，就构成我们由生到死的全部时间。概言之，当下一念就是我们的生命本身，立足于当下一念，根植于当下一念，才能够真正把握生命、掌控生命、操持生命、转化生命。总而言之，只要我们现前一念心性中的众生性没有被彻底地转化掉，个人就不可能有真正的幸福，社会就不可能有真正的安定，世界就不可能有真正持久的和

---

[1] 净慧：《中国佛教与生活禅》，北京：宗教文化出版社，2005年，第249页。
[2] 同上。
[3] 同上书，第36—37页。

平。[1] 如何在现实人生中,实施生命的转化、实现生命的转化,这是一个根本性的问题,也是生活禅的核心之所在、生活禅的意义之所系,这是儒家之心学尤其是王阳明的良知学功夫中的省察克制之功、事上磨练之法、对念虑之微的考察、反躬自省相一致的,就是要抓住当下一刻、把握当下一念,无论何时何地、无论居家还是工作,实现禅在当下的目标:

> 所谓禅在当下,就是要求我们每一当下的起心动念都与戒定慧相应,都与"色不异空,空不异色,色即是空,空即是色"的般若空慧相应,都与顿悟顿修的祖师禅相应。一念相应,念念相应,日久功深,由生活禅到禅生活的修行过程必然达致圆满的程度,觉悟人生、奉献人生必将成为生命的现实、生活的现实;在修行中生活,在生活中修行,必然将成为我们自行化他的菩萨的生活现实。[2]

不要认为只有在寺院出家才是修行,只有打坐坐禅才是修行,只有念佛烧香才是修行,那样的话就只有很少的人修行了,相应的这个世界和许多的个人也就只有很可怜的时间能够修行了,其实不然,一天二十四小时,只要我们时时观照自己的心。每时每刻关照当下,就时时刻刻都是在修行,[3]这就是生活禅,当然是在生活中的禅,也是禅的生活。时刻管理经营自己的内心世界,没有上下班,没有八小时内外,没有退休与待业,修行要日常化、经常化、随时随地的。[4] 所

---

〔1〕净慧:《中国佛教与生活禅》,第 39 页。
〔2〕净慧:《生活禅钥》,第 203 页。
〔3〕同上书,第 183 页。
〔4〕同上书,第 213 页。

谓迷失的人生或觉悟的人生都在这一念之间，而这一念不是与世隔绝的孤立的一念不生，而是时时观照之下的自觉自省与自觉自醒，这就是生活禅的意义，它对于普通现代人的生命意义，在我们的日常生活之中修行、磨砺，犹如阳明所谓的事上磨练、查念虑之微一样的经营，这就是生活禅的身心的经营，其实这也是阳明良知学的身心经营，虽然方法可能不尽一致，但是焦点一致、态度一致。不离日用常行内，不离自己生活的分分秒秒，而这一时一刻就构成我们生命的一生乃至前推和后推的无限，所以净慧法师明言"生活禅"是一个最难的大法门，真实不虚。一念之察或许不难，难的是念念相续无有断绝，这就是保任的功夫，先抓住一念，然后能够保持、保管、照顾，这是非常重要的。阳明的事上磨练就是磨的这个功夫，用生活禅的话语就是轻安明净："就是说修行人一天二十四小时能否身体做到身体轻安，心地明净。我们修道的人做到轻安明净了，初步能够做到这一点，哪怕仅仅是一分钟、一秒钟做到这一点，你就要抓住它，不要放过它，要好好保任它、保持它、照管它。"[1]生活禅就是用禅来统摄生活，在这个过程中，实现生命的转化，在日用常行中不失正念，用阳明话就是"只是要正"，用禅的话语就是"保任"：

> 保任什么呢？保任正念，在日用云为当中不失正念，在生死当中不被生死转。在这个地方讲生死，世间就是生死，出世间就是涅槃，迷就是生死，悟就是涅槃。生死大体上讲应该有两种：一种是念念生死，一种是一期生死。念念有生灭，就是念念生死。我们哪一念觉悟了，我们那一念就是了生死，我们如果念念觉悟，那就念念在了生死。[2]

〔1〕净慧：《中国佛教与生活禅》，第117页。
〔2〕同上书，第116页。

用"生活"来实现禅,用禅来统摄生活,在于"生活"是生命展开的场域,是个体之间形成生命活动的空间,是世界或人类的共同体,这种禅法实际就是变成为个体生命的一种生存方式,就是禅生活的生存方式。从一念到万念,从念念到生死,同时,这种生死的观念不再是生命的存活或身体的消解而是一念及念念中的觉悟。生活禅将生死问题纳入生活之中,认为解决生活问题就是解决了人的生死问题:

> 解决生死问题就是解决生活问题;解决生活问题,就是解决生死问题。为什么呢?因为众生或者人类的一切活动,就是生活,就是身口意三业的活动,它既包括生活问题,也包括生死问题。生死问题就存在于生活之中。[1]
>
> 佛教在处理生活问题、生死问题时,把它们摆在一个点上做统一的思考、统一的处理。这个点就是历代祖师所说的——当下一念。当下一念,既有生活问题,也有生死问题,把当下这一念处理好了,生活问题解决了,生死问题也解决了。[2]
>
> 种种问题概括起来,就是一个生死问题、一个生活问题;或者说,一个迷的问题,一个觉的问题。[3] 在生活中了生死,这一法门就是"生活禅"。[4]

这当中最好的办法就是"时时觉照,念念觉照。只有很好的体会,才能做到'在生活中修行,在修行中生活','在生活中了生死,在了生死

---

〔1〕净慧:《生活禅钥》,第 298 页。
〔2〕同上书,第 299 页。
〔3〕同上书,第 300 页。
〔4〕同上书,第 301 页。

中生活'."〔1〕净慧法师将生死问题转化为迷失与觉悟的问题,将迷失与觉悟转化为生活中当下一念的把握,就实现了生活禅成为一种生命状态和生活方式的转化,王阳明对此也有类似的表述:

> 萧惠问死生之道。先生曰:"知昼夜即知死生。"问昼夜之道。曰:"知昼则知夜。"曰:"昼亦有所不知乎?"先生曰:"汝能知昼!懵懵而兴,蠢蠢而食,行不着,习不察,终日昏昏,只是梦昼。惟息有养,瞬有存,此心惺惺明明,天理无一息间断,才是能知昼。这便是天德,便是通乎昼夜之道,而知更有甚么死生?"〔2〕

> 问夭寿不贰。先生曰:"学问功夫,于一切声利嗜好俱能脱落殆尽,尚有一种生死念头毫发挂带,便于全体有未融释处。人于生死念头,本从生身命根上带来,故不易去。若于此处见得破,透得过,此心全体方是流行无碍,方是尽性至命之学。"〔3〕

儒家讲尽性至命之学,佛家讲生死解脱之道,从把握觉悟的层次上则可以是共同的,也就是人生的觉悟是生命根本,也是生死问题认识与解决的根本。阳明"良知学"和"生活禅"学都是儒学与佛学的革新家与发展家,他们对当下一念之觉醒的强调既秉承了儒学与佛学的根本精神,同时又给现实人们的修行打开了一条通透的路径,而且这二者之间还有着惊人的相通性。可以说怎样在日常中修行,怎样使修养和修行成为一种生命的存在方式和形态是阳明良知学和生活禅的题中之义也正是它们的契合之处。

〔1〕净慧:《生活禅钥》,第301页。
〔2〕王守仁:《传习录》上,《全集》,第37页。
〔3〕王守仁:《传习录》下,《全集》,第108页。

三、良知与良心：良知学与生活禅的交接与涵摄

(一)明觉裁断与广大流行：良知从善恶自知的明觉端绪到溥博天渊的本体

良知与良心都是儒家的概念,但是良心同时也是世俗的概念,如"良心发现"、"凭良心做事"或"凭良心说"都是百姓日用也知晓或默会的俗语。良知的使用则相对严格和狭窄,一般在儒家(或称道学家)中使用,同时也是一个学术话语在学术研究范围中使用。良知在一般意义和社会运用中与良心的含义可以互换,但是良知又有儒学使用中的复杂和严格的蕴涵。如果从孟子使用这个概念开始,他说的良知就是人心即所谓恻隐、羞恶、辞让、是非四心,当然是人的道德心道德意识因此良知也可以说就是良心,在孟子良知与良心略同,他的良知端绪也是良心,而"本心"则是良知,王阳明将良知概念发展到极致,最终具有了本体论意义。这里面他将良心概念中蕴含的人类道德意识中的"明觉"通过身心修养拓充到了极致而成为天地本体,明觉自知是个体良知的一个外在表现形态：

> 良知者,孟子所谓"是非之心,人皆有之"者也。是非之心,不待虑而知,不待学而能,是故谓之良知。是乃天命之性,吾心之本体,自然良知明觉者也。[1]
>
> 盖良知只是一个天理,自然明觉发见处,只是一个真诚恻怛,便是他本体。故致此良知之真诚恻怛,以事亲便是孝;致此良知真诚恻怛,以从兄便是弟;致此良知之真诚恻怛,以事君便

---

[1]王守仁:《大学问》,《全集》,第971页。

是忠：只是一个良知，一个真诚恻怛。[1]

　　一个真诚恻怛，即是良知的恻隐心，恻隐也在一定程度上涵括了辞让；另一个即是非之心，羞恶也在其中，或羞恶与辞让均在恻隐与是非心之中。因此，良知或良心的根本就在恻隐和是非之心上，阳明也依此作为他的良知学说的出发点：个人的道德明觉无不以真诚恻怛和是非判断为基本准则，而出乎或背离了真诚恻怛就是私心杂念，没有是非判断就是私欲间隔。阳明并不排斥良知的"思维"功能，他认为孟子所谓"心之官则思"之心正是良知，心之思正是良知之思。思与思是不同的，思有诚意和私意之分，良知之思则是纯乎天理，特别是具有独知即自我考辨、认知、醒悟的功能："所谓人虽不知，而已所独知者，此正是吾心良知处。"个人的思想意识不可能没有，只是是否合乎真诚恻怛而已：

　　　　"思，曰睿，睿作圣。""心之官则思"，思则得之。思其可少乎？沈空守寂与安排思索，正是自私用智。其为丧失良知，一也。良知是天理之昭明灵觉处，故良知即是天理。思是良知之发用。若是良知发用之思，则所思莫非天理矣。良知发用之思自然明白简易，良知亦自能知得。若是私意安排之思，自是纷纭劳扰，良知亦自会分别得。盖思之是非邪正，良知无有不自知者。所以认贼作子，正为致知之学不明，不知在良知上体认之耳。[2]
　　　　凡意念之发，吾心之良知无有不自知者。其善欤，惟吾心之良知自知之，其不善欤，亦惟吾心之良知自知之。是皆无所与于

------

〔1〕王守仁：《答聂文蔚》，《全集》，第84—85页。
〔2〕王守仁：《答陆原静书》，《全集》，第72页。

他人者也。故虽小人为不善，既已无所不至，然其见君子，则必厌然掩其不善，而著其善者，是亦可以见其良知之有不容于自昧者也。今欲别善恶以诚其意，惟在致其良知之所知焉尔。[1]

所以个人修养也就抓住这一念念之间的端绪，并通过自己的是非之心进行甄别测定然后保任或修正，良知的自知功能即为道德行为之头脑。阳明有时又把它叫作人的"聪明睿智"或"头脑"，意指良知的明觉能力和裁断能力。他说："惟天下至圣，为能聪明睿智，旧看何等玄妙，今看来原是人人自有的。耳原是聪，目原是明，心思原是睿智，圣人只是一能之尔。能处正是良知，众人不能，只是个不致知，何等明白简易！"[2]阳明认为良知之所以能成为"头脑"，因为它是身心上的存在，直接作用于人身，起到鉴定、判别、自省、自律以及直接行动的效果，朱子的"格物"把对身心意念的考察反省和文字事物上的求索混为一谈，这就是缺少"头脑"或者说"头脑"不清楚不显著不惟一、不直捷了。所以阳明说"文公格物之说，只是少头脑，如所谓'察之于念虑之微'，此一句不该与'求之文字之中，验之于事为之著，索之讲论之际'混作一例看，是无轻重也。"[3]"察之于念虑之微"正是阳明所谓"凡意念之发，吾心之良知无有不自知者。其善欤，惟吾心之良知自知之，其不善欤，亦惟吾心之良知自知之。是皆无所与于他人者也。"[4]

在阳明看来，人的知行不能合一是因为身心不能统一和同一，身心不能同一则是应为道德主体的良知不能完全克服私欲成为身体的

---

〔1〕王守仁：《大学问》，《全集》，第 971 页。
〔2〕王守仁：《传习录》下，《全集》，第 109 页。
〔3〕同上书，第 98 页。
〔4〕王守仁：《大学问》，《全集》，第 971—972。

主宰，而如果良知完全复现，人的身心则是一种欢悦状态，这种实实在在的心理状态带给人的是一种自我的心理满足和快意，这里尤其指的是人的道德心态。所以阳明就说《大学》告诉我们一种真知行，在它中间没有私欲的夹杂，是"诚其意"，就像好色恶臭一样，直接没有曲折，所以心理上也是畅快的，而其行动则是直捷的。身心上一贯的不经曲折私欲和杂念干扰的"少有拟议增损于其间，则是私意小智，而非至善之谓矣。自非慎独之至，惟精惟一者，其孰能与于此乎?"，"真诚恻怛"是良知本体的最大呈现，只要时时克制省察私欲、充实拓展诚意即是：

> 惟干问："知如何是心之本体?"先生曰："知是理之灵处。就其主宰处说，便谓之心，就其禀赋处说，便谓之性。孩提之童无不知爱其亲，无不知敬其兄，只是这个灵能不为私欲遮隔，充拓得尽，便完；完是他本体，便与天地合德。自圣人以下不能无蔽，故须格物以致其知。"[1]

在省察克治基础上并由良知本体的内在"诚"与"好"延展贯通，则无不合乎天地之德，由此以序，则良知自然发用，一循天理，然后人心就是一个纯然天理同时也是个天渊，就是孟子所谓的"尽心知性知天"，用阳明的话说就是"同天一"了：

> 先生曰：人心是天渊．心之本体无所不该，原是一个天．只为私欲障碍，则天之本体失了．心之理无穷尽，原是一个渊．只为私欲窒塞，则渊之本体失了．如今念念致良知，将此障碍窒塞一

---

[1] 王守仁：《传习录》上，《全集》，第 34 页。

齐去尽,则本体已复便是天渊了。[1]

"人心是天渊,心之本体无所不该,原是一个天"与孟子"万物皆备于我"是同一个意思,不是说万物都在我身,而是说在人心澄明之中,了无杂质,它就与天地万物相沟通无间,一气流通与万物无所隔阂,也就是孟子"上下与天地通流"之意,如象山所言"宇宙不隔于人,人自隔于宇宙"。人与宇宙的隔膜是人的内心之中的意欲杂念所造成的,这就是人的心体的呈露,心体广大与万物合一,万物皆在心体上存在流行不滞,在一气流通的层面上心与物无所间隔,可以说是无心物之分别了,这就是心体之物,所以阳明就说:"盖其心学纯明,而有以全其万物一体之仁,故其精神流贯,志气通达,而无有乎人己之分,物我之间。譬之一人之身,目视、耳听、手持、足行,以济一身之用。"[2]这便是已经被许多学者所称的儒家之有机性的宇宙观,[3]这个有机是指的是人的心身通达、人心溥博如天,渊泉如渊与万物通达,人也与万物一体了,而无有间隔区分,所谓心体之物实际上是万物一体,泯除了心物的对峙和对待而融为一,所以就"致良知"阳明慷慨言之:

> 夫学者既立有必为圣人之志,只消就自己良知明觉处朴实头致了去,自然循循日有所至,原无许多门面折数也。[4]
>
> 心之良知是谓圣。圣人之学,惟是致此良知而已。自然而

---

[1] 王守仁::《传习录》下,《全集》,第95—96页。
[2] 王守仁:《答顾东桥书》,《全集》,第55页。
[3] 诸如著名儒学者杜维明先生、台湾大学黄俊杰先生、清华大学陈来先生等均有涉及,此不赘述。
[4] 王守仁:《答刘内重(乙酉)》,《全集》,第196页。

致之者,圣人也;勉然而致之者,贤人也;自蔽自昧而不肯致之者,愚不肖者也。愚不肖者,虽其蔽昧之极,良知又未尝不存也。苟能致之,即与圣人无异矣。[1]

后儒不明圣学,不知就自己心地良知良能上体认扩充,却去求知其所不知,求能其所不能,一味只是希高慕大;不知自己是桀、纣心地,动辄要做尧、舜事业,如何做得! 终年碌碌,至于老死,竟不知成就了个甚么,可哀也已![2]

全幅良知之呈现成为宇宙本体,良知之体的无善无恶也就呈现出来,而它本身是至善,至善圆满不为意念动摇,则就没有分别,故有"'不思善不思恶时认本来面目',此佛氏为未识本来面目者设此方便。'本来面目'即吾圣门所谓'良知'。"今既认得良知明白,即已不消如此说矣。但是它一经涉世则依然善恶自明,而这就是儒学顶点临近交接禅学的良知学,阳明"四句教"之全面性也由此体现之,上接禅学下承儒家,完成于一身,正应了太虚大师之言阳明学:华梵之一硕果耳。

（二）良心与信仰的相互保证和依托：生活禅的良心教法与良心生活

生活禅是对现实人生生活的转化,转化到禅生活,这个过程即从物质到精神、迷失到觉悟、污染到净化、凡夫到圣者,这种禅生活的要求与呈现,也为净慧法师所规定:纯正的信仰的生活、理性的因果的生活、现实的道德的生活、自觉的良心的生活。以信仰、因果、道德和良心所指导的生活就是禅生活,在这其中信仰和因果是通常佛教本

---

〔1〕王守仁:《书魏师孟卷(乙酉)》,《全集》,第280页。
〔2〕王守仁:《传习录》上,《全集》,第31页。

身的话语,而道德和良心更多地是儒家学说中的语汇。显然生活禅到禅生活的转化可以理解为从现实生活向理想生活的转进,而禅生活则是保留了人们在现实生活中的儒家的道德修养的特质,然后进一步向禅宗的增上。也就是说,儒家和禅宗之间存在着相互连接的渠道,这个渠道就是道德养成,而这个养成的方式在阳明学那里就是从良心到完全的良心,在生活禅则是涵括着良心的生活然后归宗到信仰,因果和信仰是互相统一的,因果是理性的信念,同时信仰本身又是有一种生命体验的成就,是因果信念的源泉,因此二者也是统一的;同时,在净慧法师这里,良心和信仰也是相互依赖的,同时,良心本身能够统摄到佛家的思想中,只是说法不同,这就是菩提心与大悲心的统一,净慧法师曾就此论述:

> 佛教本来没有良心这个词,但是佛教讲佛性、讲菩提心、讲大悲心,儒家提倡讲良心。社会上一般人也提倡讲良心。社会吸收了儒家的思想,接受了良心这个词。如果我们把良心这个词赋予佛教的内涵,那它就是菩提心与大悲心的统一。[1]
>
> 大悲心体现在良心的向善性,菩提心体现在良心的向上性;大悲心能救渡众生,菩提心要求上求佛道。所以向善、向上都包括在良心之内。向善、向上的仁心和决心就是我们的良心。[2]

既然如此,良心的生活当然是圣者的生活,那么也同样,我们日常之中一念之转化即良心或良知的呈现就是觉悟的体现,所以无论是从方便的角度还是从佛法的视角,良心的提法都是可行的。对于生活禅来说,良心的确是有契机方便的,这就是社会的喜闻乐见、容

---

〔1〕净慧:《中国佛教与生活禅》,第184—185页。
〔2〕同上书,第301页。

易接受和容易传递，但这并不是生活禅使用这一概念的唯一或主要
目的，更重要的就是良心本具的大悲心和菩提心，而且，它是信仰生
活形成以后必须要经过的一个环节，即将信仰落实变成自己的内在
的心理因素或行动动因，净慧法师说：

> 当我们选择了正确的信仰之后，接下里我们所要做的事情
> 就是要通过闻、思、修，把这种的信仰变成自己的心理因素。这
> 种心理因素是什么呢？就是良心。良心是信仰和因果的落实，
> 也是信仰和因果的具体表现。有没有信仰，讲不讲因果，就看为
> 人处事有没有良心。[1]

良心生活是一种觉悟的生活，但是对于常人来说，良心的生活常
常一闪而过并不能持久，这是阳明良知学和生活禅学共同面对的问
题，但是他们的应对方式不尽一致。阳明学是"致良知"即从良知端
绪的扩充一直抵达生命本体之良知全幅的呈现，其实这个过程并非
易与，需要一个艰苦的修证过程和明师的点化；生活禅的方式则是信
仰和良心之间的互动保证，在信仰的层面上，良心是果，它是由信仰
而产生激发的内在信念，净慧法师认为：

> 良心要通过信仰因果、认识因果才能得以维系，不信因果或
> 不明因果的人很难做到真正持久的拥有良心。我们现在可以说
> 正处在良心失落的时代，这是大家有目共睹的一件事。造成良
> 心失落的原因当然是多方面的，其中断灭论的思想恐怕是主要
> 原因。因为断灭论是宣传人一死百了，否认三世因果。否认三

---

[1] 净慧：《中国佛教与生活禅》，第300页。

世因果、认为人一死百了的观念实际上就是断送了众生的慧命,扼杀了人的良心。这种观念认为讲良心有什么用?人死了就了了;做了坏事没有责任,只要法律的眼睛能够逃过了,坏事就没有责任。现在实际上法律的眼睛没有用,人的眼睛更没有用。金钱至上,关系至上,做了天大的恶事在现世也可能没有任何的报应。这是一个反常的现象,这是良心的彻底的失落。这个问题是非常严重,是一种极不正常的人类悲惨的现象。〔1〕

良心的失落在他看来是因果信仰失落的一种表现,而拥有正确信仰的人,则随时随地具有一种责任感,而且这种责任不是一时一地的,而是一种永恒的责任,是通于三世而无始无终的。"在这样一种思想前提下,所以人绝对能够做到自觉自律。我说,有了三世因果的观念,有了生命永恒性的观念,就有了对人的言行永恒负责任的思想基础,人类的道德良心就有了保证。""佛教就是为良心提供保证。良心有了保证,一切就有了保证。"〔2〕

从上述角度看,净慧法师是把良心看作人生、社会的一种健康的生存状态,是菩提心和大悲心的呈现,但是它需要信仰的支撑,信仰是良心的理性的根据和永恒的支撑。因此这样看的话,良心是禅生活的体现,良心的生活是禅生活的形态之一,人类需要有良心的生活,否则社会将会堕落到不知何如!这里体现出来佛家和儒家的一些不同:儒家的良心是根据,在阳明良心也同时是成果,最后良知学所呈现的生活也是良心的生活,他是从良心到良心;而净慧法师是从信仰到良心,这是一种思想上的和教门上的明显分殊,体现出佛教禅

〔1〕净慧:《中国佛教与生活禅》,第301页。
〔2〕同上书,第301—302页。

宗尤其是注重菩提心的发心即信仰的落实，这是一切发展的起点，但是我们也要看到，这种发心本身是不是也是一种良心炽热的表现呢？在这一点上，我们同样看到，生活禅没有消极地看待这一点，因此净慧法师同样地指出，因果规律的落实也同样需要良心的护持。他说："如何保证因果规律在我们的生活当中得到落实？这颗良心是保证。有良心的人，他一定会时时刻刻想到自己的利益和他人的利益是一致的，一定会时时刻刻想到损害他人的同时就是损害自己。"他在这里所讲的就是儒家的良知。他说，"良心在儒家的思想里面说是'天理良心'，它和上天所规定的道理是一致的。"[1]说到天理良心了就是从孟子到阳明的"良知"概念了，因为老百姓有时候也说天理良心，但并不是很坐实的，良心就是天理，天理在人就是良心，但是这个说法在儒家那里却是实实在在的。大程子明道说"吾学虽有所授受，但'天理'二字却是自家体贴出来的"，这是说，"天理"观念是他自己从自己生命的体验中得出来的不是通过别人传授获得的，是真实不虚的，这也就是阳明的良知，王阳明将良知上升到天理天道的层面，而他的说法也是"自家体贴出来的"不是口耳相传得来的，这是儒家的尤其是心学家的命根子，天理良心就是我们的良知良能。净慧法师也明确地指出此点："上有天理，下有良心。天理就是宇宙的自然法则，良心就是我们人的良知良能。"[2]这种天赋的道德本能就是他所说的菩提心、大悲心了。净慧法师也曾指出过，"良心既是一种仁心，也就是利他的慈悲，同时它又是一种觉照的心，它时刻警觉自己的三业，使之向善、先上。"[3]这种说法其实与儒家的尤其是孟子更尤其是阳明的思想吻合无间了，这里就是良知良心的真诚恻怛和是非善

---

[1] 净慧：《生活禅钥》，第 246 页。

[2] 同上。

[3] 净慧：《中国佛教与生活禅》，第 301 页。

恶的裁断能力,我们在自己的每一念上,都有明确的觉醒和意识,这就是阳明的自知、独知和生活禅的觉悟和责任感,禅儒在这一点上没有了分别。把握自知的一念或把握当下的一念都是把握良心和良心的自我把握,都是"致良知"也是"生活禅",这是儒禅的交接,从良知学来说,良知的全幅呈现就上升到禅的境界,从生活禅的视角,以信仰为支点,也可以连接到也应该连接到人的良心构成佛教、禅宗对儒家的涵摄。

余论

近代佛学大师太虚于儒释道乃至西学博淹贯通,曾于儒学深研之。他曾经指出:"我以为孔子之道,注意人类在万物中特殊不同之德性,所借以歧异超尚于其他动物者在此,即孟子所谓人之异于禽兽者几希是也。"[1]这个细微而根本的差距就是良心或良知的存在,所谓"人身难得"在此,在人的良心的自我觉醒能力,这就是人的生命的价值及其对它的关怀的意义。人的生命简约为人生,铺展开即生活,因此生命、人生、生活是一个,儒家之关切是成就一个人生,而佛法则是成就一个现实的人生,同时放眼于未来的"无限的人生",但是切己之处同样在于每一个人的安身立命,对生命的关怀与珍视是它们共同的命题。佛家在生命的关怀上尤重生命的觉悟与觉醒,考诸儒家尤其是阳明良知学,其生命觉醒的追寻几乎与佛家一样的炽烈,而立足于对生命之主宰"心"(即良知)的关注及其确立则又是共同的诀要,在各自修养与修行的功夫上,点滴的生命节点的即意念的澄澈也与佛家几乎类同,尤其是与生活禅在日常中的修行法门趋同,这应该是一种立足于当世之人类修养的必然道路和选择。而

---

[1] 太虚:《佛法与孔子之道》,《太虚集》,黄夏年主编,北京:中国社会科学出版社,1995年,第314页。

良心观念的共享可说是儒佛交接与涵摄的一个新的发展，虽然这在六祖慧能的"直心"和太虚大师的"良心"论说已经存在，今天生活禅的重新再阐发则是在继承历史基础上的顺应这个时代的一个新的拓展。

良知良心作为人的菩提心、大悲心先天本有，这就是人的佛性，佛性在儒家和普通老百姓那里就展示为或被称作是"良心"，这个良心的发现和施为其实就是信仰的触发点，因此，信仰和良心才可能统一起来，因为它们本来就是同源的也可以说是同一的。以此为支点，我们也就能够看到，儒学和禅宗的共性：从生命的开发到良心的开拓，儒家良知学上升到天地本体然后到"无善无恶"，禅宗则是生命开发中直指人心之本源，其实我们从儒家的视角也可以将其看作是良知本体，在禅宗则是佛性，一步见到本来面目。但是在现时代，利根器的不可得，不仅禅宗的法门难修，甚至连阳明所提倡的良知学也似乎难以企及，这是时代变化所导致的后果，也可以说是我们人类之身口意之业所演化成的后果，惟其如此，才更需要见本到性的学说；但是唯其现时代的现代、复杂、多变不居、人们身心处于工作烦劳、信息极其丰富混乱之冲击下，"生活禅"才可能应运契理契机地发生，过有良心的生活，过一种禅意禅趣的生活才成为普通人包括儒家学者和信众的又一种倾向性。良知学是入世的，而生活禅则是关怀淑世的，所以这种相近是自然的，我们已经在阳明及其弟子的修养境界中看到了禅的印迹，这不但不是儒家的歧出而且是内圣学的必然路向：儒佛的交接与贯通；而在禅宗尤其是生活禅中，我们也看到对儒学观念的涵摄，这同样是一种必然之趋势，借用太虚大师一段话和唐代儒佛兼修的大诗人白居易的诗作结应是适当："但就人生在世，须知孔子之道不可须臾离，欲完全以作人之品格，必由孔子之道而成就；然必经佛法之甄陶，乃能生养若孔子、若儒门诸贤伟大人格。于入世之志,具出世之襟怀,必以佛法为归宿,乃得安身立命。"[1]"我生本无乡,心安是归处。"[2]"心泰身宁是归处,故乡何独在长安。"[3]

〔1〕太虚:《佛法与孔子之道》,《太虚集》,黄夏年主编,北京:中国社会科学出版社,1995年,第317页。
〔2〕白居易:《初出城留别》,《全唐诗》,第七册,北京:中华书局,1986年,第4764页。
〔3〕白居易:(《重题》,《全唐诗》,第七册,北京:中华书局,1986年,第4906页。

五、"我"的修证：心识、心体与缘
——"生活禅"与阳明学心性理念的比较

　　净慧长老的"生活禅"理念开辟了 21 世纪中国禅学的新局面,关键是生活与禅的统一,是中国禅从六祖慧能到 20 世纪太虚法师和赵朴老所提倡的人间佛教的继续,同时也是人间佛教的新开拓,它把人间佛教和人生佛教的理念从观念层面真正落实体现到日常。人间佛教强调了佛教尤其是禅宗的现世意义和存在感,而"生活禅"则凸显了禅宗修证的日常化、生活化和大众化。尤其是从太虚大师到净慧长老都是中国传统文化的饱学之士,他们对儒学道家兼通,对儒家对世俗社会的融摄表示了理解,同时他们也力图实现这其中的圆融,即吸收儒家的部分理念并将之贯穿到禅宗的精神和修证中来,这种理念和实践上的努力取得了很大成就,在一定程度上吸收了当代不少的文人士子加入到禅学的研究和禅修的事业中来,这是一件了不起的功德,尤其是对当代大陆的禅学发展来说更是如此;但是,禅宗寻求圆满智慧和生命解脱的追求并没有放弃,这又是儒家思想所不能涵括的,这正是净慧长老的睿智之所在。同时,对于我们普通学习儒家尤其是心学思想的学者和大众来说,通过对儒家尤其是阳明心学的学习构成了对"生活禅"理解的重要阶梯,这二者内在的同一性以及在理念和表述方面的差异是我们今天需要继续深入考察的课题。本文拟就对个体心的认识和修证来看看二者之间在思维理路上的共性和歧异之处。

一、"我"与我"心"

1. 心识与身体

净慧长老在谈到道信禅师接引牛头法融禅师的话时候说："'百千法门,同归方寸。河沙妙德,总在心源。一切戒门、定门、慧门,神通变化,不离汝心。'这都是讲的见地问题。"[1]这个见地就是本心对自己的自我认识和信念的确证,但是,说是见地,就是首先从认识层面上说的。他继续说,我们的心本自具足,只是被妄想覆盖了,一点也透不出来。要有这个认识,这是见地的问题。[2]这个见地或认识这样就包含两个方面:第一,一切圆满智慧都在我们的内心;第二,我们的自性是被妄想执著覆盖着的。净慧长老说,要明白道信禅师的那句话,万千法门都不离自心,一切妙胜功德,神通变化,本自具足,不离方寸。但是,为什么我们在现实世界中还是这样无奈、悲苦和挣扎呢?"是因为我们做不了自己的主。"[3]面对这种状况,净慧长老还是借用道信禅师的话:对一切境缘,但莫分别,即自如如。"一切无奈和烦恼,都来自我们的分别心。"[4]我们无时无刻不处在烦恼无奈之中,原因是我们不能自主,我们不能自主的原因是我们的分别心作祟,这就是"心识"的作用。心识在我们的日常生活中怎么作用? 发挥了多大作用? 净慧长老认为,它甚至起了决定性的作用,

---

〔1〕净慧:《生活禅钥》,北京:生活·读书·新知三联书店,2008 年,第 50 页。

〔2〕同上。

〔3〕同上书,第 51 页。

〔4〕同上。

我们的整个的日常生活世界都被我们的分别心所统治着，都是心识的流转、变化影响着我们的认识，我们其实是在这个心识安立的世界中摸爬滚打，心体即本性在其中被埋倒了。他说：

> "心若不强名，妄情从何起？"我们的心总在给外在的世界安立各种各样的假名，好的、丑的、黄的、白的、胖的、瘦的、张三、李四——有了这些假名，接着就有了妄情。我们不去安立、不去架构、不去假设，妄情从何而起呢？这个语言的世界、符号的世界、概念的世界，把我们弄得晕头转向。所以说，我们总是在自己跟自己过不去。[1]
>
> "妄情既不起，真心任遍之。"心如果不给这个真实的世界安立种种的差别名相，我们就不会有妄情，那样我们的真心就会现前，用智慧观照而不是用识见去分别，就像镜子照物一样。当我们用智慧观照世界的时候，一切都是那么美好、那么圆满。当我们用识见分别——就是一切从我出发的时候，一切都充满了烦恼。[2]

妄情就是我们贪婪自私的各种欲念，它是心识的一个方面。而净慧长老进一步指出，妄情起于我们的心识的摇动，给外在的世界安立各种假名，这种分别对待既是妄情的表现又是妄情发动的动因，我们被这个名相的世界困住了。我们在分别世界的林林总总的时候，就是"我"的在场，但是，这个"我"不是真实无妄的我，而是一个假我，一个心识、欲望编织的"我"。在儒家那里，这个"我"被称作"小我"或"小体"。孟子区分了"小体"和"大体"，"身体"作为感性层面的表征

---

[1] 净慧：《生活禅钥》，北京：生活·读书·新知三联书店，2008 年，第 52 页。
[2] 同上书，第 52—53 页。

被定义为"小体","心体"或"心"作为理性和道德的表征被定义为"大体"。孟子说:"体有贵贱,有小大。无以小害大,无以贱害贵。养其小者为小人,养其大者为大人。""公都子问曰:'钧是人也,或为大人,或为小人,何也?'孟子曰:'从其大体为大人,从其小体为小人。'曰'钧是人也,或从其大体,或从其小体,何也?'曰'耳目之官不思,而蔽于物。物交物,则引之而已矣。心之官则思,思则得之,不思则不得也。此天之所与我者。先立乎其大者,则其小者不能夺也。此为大人而已矣。'"(《孟子·告子上》)孟子在这一段话中提出了"耳目之官"与"心之官"之间的分野和对立。儒家这种对立心灵道德理性和身体的欲望感性之间的对立其实就是佛家心识与心体的对待。

儒家有时候也用心与心的对立来看待身心关系,这是从《尚书》十六字真言开始的,即道心和人心的分野,阳明学里面也在不同时候沿用这个说法:

> 爱问"道心常为一身之主,而人心每听命。"以先生"精一"之训推之,此语似有弊。先生曰:"然。心一也,未杂于人谓之道心,杂以人伪谓之人心。人心之得其正者即道心;道心之失其正者即人心:初非有二心也。程子谓人心即人欲,道心即天理,语若分析而意实得之。今曰道心为主而人心听命,是二心也。天理人欲不并立,安有天理为主,人欲又从而听命者?"[1]

我们可以从这一段话把握几层重要的意思:第一,个人的身与心关系可以转化理解为个人的心与心的关系,这个"心"就是源自《尚书》的"道心"和"人心",所谓"十六字真言"即"人心惟危,道心惟微。惟

---

〔1〕王守仁:《传习录》,《王阳明全集》,上海:上海古籍出版社,1992年,第7页。

精惟一，允执厥中"。整个先秦时代诸子百家都以"道"和"求道"为最高指归，"道"是本原、是真理，人心则如阳明所谓是"杂以人伪"，但道心也不是悬空独造，只是那个纯粹的人心而已。第二，人心就是人欲，而人欲我们通常也说成是"身体欲望"，也就是孟子的"小体"，实际上，儒家作为弘扬道德理性的哲学，他们的很多表述不是纯粹的物理性表述，而是道德性表述。"身"，我们一方面将它解释为四肢感官，同时它还经常有道德性的含义指谓，就是与理性相对应的"欲望"，"道心"用孟子的话就是"大体"，而"人心"用孟子的话就是"小体"就是阳明每每提及的"从躯壳上起念"[1]。这是我们对前面"身"的界定的一个补充，也就是说当我们在道德的伦理的层面上谈到"身"的时候，谈到个人的私欲的时候，也可以用"人心""小体"代之，这时候所说的欲望、人心等等就是一种意念、意识、心、心理状态，既不是纯粹的身体躯干，也不是心的纯粹状态即阳明所说的澄明的"心之本体"，我们或可以称之为"身之心"或"心之身"，是"有善有恶"的"意"，意就是起了念头，但这个念头不是纯粹的天理，有物欲混杂其间，有"身"在内里作用，按照阳明的说法，心的本体是光明澄澈的无有私欲杂念的明镜，就是道心。人心与道心也不是两个心，人心端正就是道心，道心倾斜就是人心，心只是一个，这是阳明反复强调的，因为这样人才能做省察克制的功夫，身心才能统一，否则，就是如笛卡尔那样，身与心联系不起来，更不要说统一了。

2. 分别心与逐物的"我"

净慧长老指出，人之所以不能光明澄澈而且妄情炽烈，其所在因为一个"分别心"。这是禅宗喜欢从根上去把握人心与生命的根本性关系的说法，儒家习惯用身体、欲望指称这种妄情，佛家或禅宗当然

---

〔1〕王守仁：《传习录》，《王阳明全集》，上海：上海古籍出版社，1992年，第29页。

不外此说。佛家讲"五毒"或更多的"毒"都在此,但是禅宗的直指人心、明心见性的教法喜欢从人的心地上说法,这是他们的特点,净慧长老也是如此说教:

> 执著有一个"我",就会把他人与自我区分开来,这就是"人相";有了人相,就会把人和其他生命区分开来,这就是"众生相"。有了这样的差别观念,就会总是把自己摆在第一位,把别人摆在第二位;就会只顾自己的利益,不惜侵犯他人的利益。有了众生相,就会自视人类为万物之灵,为世界的主宰者、统治者,就会不惜破坏自然环境,以谋取人生虚幻短暂的快乐;就会恣意其他有情众生的生命,作出种种残暴的行为。所以要想做一个真正意义上的人,必须从"我相"中跳出来,从"众生相"中跳出来。离开"我相"的污垢,离开"众生相"的污垢,那才能恢复我们的本来面目,还自己一个清净之身、清白之身。所以一个有智慧的人,如果能够"信解此理,应当称法而行"。要让自己的思想言行与我们的本来面目、与真如佛性、与缘起法的道理完全一致。[1]

净慧长老在这里强调不要执著于一个虚幻的假相,即你的感官所看到、嗅到、听到的世界并对之迷恋,迷恋的对象是假,迷恋者则是一个心识的"我"。这个"我"的自我执著造就了这个纷繁的世界,它以我相和众生相为根基,把它们看成是实有并贪恋,尤其是将自己固定,将自己的欲望及其满足看作是最重要的事,这样"就会不惜破坏自然环境,以谋取人生虚幻短暂的快乐;就会恣意其他有情众生的生命,

---

[1] 净慧:《生活禅钥》,北京:生活·读书·新知三联书店,2008年,第38页。

作出种种残暴的行为"。净慧长老给众生开出的药方就是从"我相"、"众生相"中跳出来，恢复我们的本来面目，还自己一个清净之身、清白之身，让自己的思想言行与我们的本来面目、与真如佛性、与缘起法的道理完全一致。阳明作为儒家也同样碰到类似的问题，因为同样是修身，同样是面对欲望或用佛家的妄情，阳明的策略与净慧长老有类似之处，而且，其实他是运用了道家的观念，在这一点上可以说儒释道有其相通之处：

> 问："心要逐物，如何则可？"先生曰："人君端拱清穆，六卿分职，天下乃治。心统五官，亦要如此。今眼要视时，心便逐在色上；耳要听时，心便逐在声上，如人君要选官时，便自去坐在吏部；要调军时，便自去坐在兵部：如此岂惟失却君体，六卿亦皆不得其职。"[1]

阳明把心比作君主，把感官比作六卿，君主立于自己的位置上，清净无为，端庄整肃，六卿各司其职，天下就太平了，如果君主越俎代庖，去干预处理其他部门的事物，就会天下大乱。身心关系也是如此，人心就如同人君，人君治国，居其位不动。如果各部一动，人君就要去各部一奔，则不治矣。所以，心要处于自己的位置上，视听感闻如各部之动，但心要端正清穆，不去逐物，五官各司其能，身心调和，否则，心就放逸驰逐，随着不同的感官去追逐声色等等。《管子》对此说得甚是详细，也是这种比喻的最初的来源。

> 心之在体，君之位也；九窍之有职，官之分也。心处其道，九

---

[1] 王守仁：《传习录》，《王阳明全集》，第22页。

窍循理；嗜欲充益，目不见色，耳不闻声。故曰：上离其道，下失其事。毋代马走，使尽其力；毋代鸟飞，使弊其羽翼。毋先物动，以观其则。动则失位，静乃自得。

"心之在体，君之位也；九窍之有职，官之分也。"耳目者，视听之官也，心而无与于视听之事，则官得守其分矣。夫心有欲者，物过而目不见，声至而耳不闻也。故曰："上离其道，下失其事。"故曰：心术者，无为而制窍者也。故曰"君"。"毋代马走"，"毋代鸟飞"，此言不夺能，不与下试也。"毋先物动"者，摇者不定，躁者不静，言动之不可以观也。"位"者，谓其所立也。人主者立于阴，阴者静，故曰"动则失位"。阴则能制阳矣，静则能制动矣，故曰"静乃自得"。（《管子·心术上》）

实际这里说白了，这种端拱自然、清静无为的状态，还是讲的是人心不去奔腾驰逐，不去追随感官放逸动摇，这种自然、自在的状态是从本体角度说的，要达到这种状态就需要做日常的功夫，因为这里实际说的是人心转化为道心，人心、道心合而为一的状态。上面无论是净慧长老的"我"还是阳明还是管子所说的"人君"都是人心，也都是"我"。净慧长老说的是"分别心"，但是这里面包含着人的欲望成分，二者不可分割，而管子讲的是人的心的躁动，阳明也是如此，这是可以见出儒家、道家与佛家在认识上的一些重要的差别。其实，逐物也不直接就是贪婪的欲望，它和分别心一样是一种欲念、冲动、动力、向往、追求等等，是心识的功能，它既有分别性，又有追逐性，也有贪欲性，只是从不同的治理方法上才能看出各家各派的概念上的差异。阳明主张心要回归本位，清静无为，这也是道家的思想，可见阳明对道家思想的吸收；而净慧长老则会更强调一种"认识论"的取径，从认识上破执，回归人的本心、本性。从净慧长老的分别心和阳明的逐物的"我"来说，他们说的其实是一个"我"，解决这个"我"或"我执"是儒释道的共同课题。

二、真妄同源，身心为一与万物的心缘

1. 在现实中证得真妄同源与身心为一

我们这篇文章主要不是从修证的而是从认知的路径上讲，所以，这里谈到的净慧长老的思想大多是他讲如何从自我认识的途径回归真正自我的方式。[1] 净慧长老认为，对缘起的真正透彻的认识就是觉悟的重要内容。禅宗最终还是要见得本心，"不识本心，学法无益"。[2] 他说："'识自本心，见自本性'为修行证果之第一要着。未识本心，未见本性者，虽然口说修行，那也是一种盲修瞎练，能不能解脱是很成问题的。"[3] 净慧长老认为，认识到因果缘分就是见地的高明之处，你也可以认为这是修证的解悟的重要见识，是识自心，见自性的第一步。怎么样才能见到真正的因果缘分而不是心随念转，心逐物奔走呢？他说：

> 佛教讲"见缘起者见法，见法者见佛"。见缘起就是见到那个真实事物了，真正跟那个事物接触了。好比说我现在眼睛不看，我的手摸到一个什么东西，心没有分别，只是直接的接触。当我心念一动，睁眼一看，发现原来这是一个话筒，于是心里就起分别：这个话筒值多少钱？我是不是可以把它拿回家去？世

---

〔1〕从修证的层面上说，"生活禅"与阳明心学也有很多可以互相借鉴相资为用的地方，一方面以前曾经做过这方面的工作，因此，不拟过多的重复；另一方面，从认知角度或从心识的角度也是"生活禅"和儒家心学都看重的一个重要的侧面，因此，本节便侧重于此的讨论。

〔2〕净慧：《生活禅钥》，北京：生活·读书·新知三联书店，2008年，第78页。

〔3〕同上。

界上的一切事情,都是这样来的。我们就是生活在一个概念的
世界当中,生活在一个名言的世界当中,没有真正生活在一个实
实在在的世界里。[1]

净慧长老在这里也讲到了分别心与概念名言的世界,但是,我们需要
看到的是,他在这里还讲到了一个心的直接感触与心念转换下的感
触的差异:我的手摸到一个什么东西,心没有分别,只是直接的接
触,但是下面睁眼一看,心念一动,各种旁逸斜出的意识就萌生了。
其实,这里面就同时包含着两个心,当然本质上我们知道其实是一个
心的二心:一个是不动的心,一个是动的心,二心是一心,一心是二
心。因为,它们既相同又不相同。这样,我们如何去破妄证真,如何
识得本心呢? 这就要看本心究竟是什么。我们当然知道,真妄同源:
"那么,本心究竟是什么呢? 这个心,若分别来讲,有'真心'和'妄
心'。我们修行就是要'了妄识真'。那么,'真心'和'妄心'是一个什
么关系呢? 答案是明确的:真妄一体不二,真妄同源。"[2]

净慧长老指出,我们平常常说的烦恼即菩提、生死即涅槃,关键
在这个"即"字上,如何能够去掉这个"即",也就是直接进入菩提、涅
槃。其实,我们出不了烦恼和生死,至少是在世俗生活中出不了世俗
世界,但是可以得到菩提、涅槃,这是一个方面——妄心真心的内在
转换;另一个方面,转化娑婆世界,其实还是自身,其实还是自心。关
于世间与出世间也是如此。"它们并不是并列的两个世间,本质上是
一个世间,之所以有'世间'与'出世间'之分,那全是由人的分别心所
致。若无分别心,若能念念自主,那么,对他来讲,世间即出世间,烦

---

〔1〕净慧:《生活禅钥》,北京:生活·读书·新知三联书店,2008 年,第 52 页。
〔2〕同上书,第 78 页。

恼即菩提,生死即涅槃。"[1]真心妄心也是同样的道理。真妄只是一体两面,离开真心也没有妄心,离开妄心也没有真心。那么,如果这么说,我们还修证什么呢? 长老告诉我们:真妄不二是从理体和果德上说的,所谓理体和果德即修证的本体成就上尤其是本体的表征。但是,注意的是,个人在没有证到无分别智的时候,我们的心是分裂的,真心不彰,妄心炽烈,处于二元分离状态。通常的说,就是我们普通人、凡夫俗子日常中是处于无明状态,随着妄心奔走流转的,达不到舍妄归真。舍妄归真就到了"不二境地"。

儒家也有类似问题,他们就是如同前面所说,十分强调身心的对立,希望用心的努力灭掉身体的欲望,所以在一般儒家那里,这个功课做得十分辛苦。而且更严重的问题是,自从朱子学的格物说以后,儒家弟子往往将格物认作是对外部世界的认识,这样很多人就偏离了做工夫的方向。王阳明弟子陈九川作修养功夫甚是勤奋,也颇有心得,但是在"诚意"与"格物"的统一上始终纠缠不清,他说:"近年体验得'明明德'功夫只是'诚意'。自'明明德于天下',步步推入根源,到'诚意'上,再去不得,如何以前又有格致工夫? 后又体验,觉得意之诚伪,必先知觉乃可,以颜子有不善未尝知之,知之未尝复行为证,豁然若无疑;却又多了格物功夫。又思来吾心之灵,何有不知意之善恶,只是物欲蔽了,须格去物欲,始能如颜子未尝不知耳。又自疑功夫颠倒,与诚意不成片段。"[2]陈九川这里的关键问题是,他是将格物、诚意分开来看待,而把"物"看作是外物,与自身没有关联,而"意"则又是自身的意念或欲念等,这两者联系不起来,"明德"与"诚意"是容易挂搭的,但是格物呢? 就成了问题! 阳明告诉他,身、心、意、物只是一件,"但指其充塞处言之谓之身,指其主宰处言之谓之心,指心之发动处谓

---

〔1〕净慧:《生活禅钥》,北京:生活·读书·新知三联书店,2008 年,第 79 页。

〔2〕王守仁:《传习录》,《王阳明全集》,第 90 页。

之意,指意之灵明处谓之知,指意之涉着处谓之物:只是一件。"〔1〕

阳明在这里以心为枢纽,把两个最容易与"心"相游离的客观存在"物"、"身"和"心"、"意"统一到一起:第一,明确,身就是感官与四体;第二,身是心的居所,具象的广延;第三,身是心的官能,没有身,心就无法作用。阳明在与他的另外一个弟子的问答中重复了这一观点。

> 先生曰:"且说汝有为己之心是如何?"惠良久曰:"惠亦一心要做好人,便自谓颇有为己之心。今思之,看来亦只是为得个躯壳的己,不曾为个真己。"先生曰:"真己何曾离着躯壳!恐汝连那躯壳的己也不曾为。且道汝所谓躯壳的己,岂不是耳目口鼻四肢?"惠曰:"正是。"〔2〕

阳明在这里分出了两个"己",一个是"真己",另一个是躯壳的"己",所谓为己之学要为真己而不是躯壳的己,躯壳的己就是身体四肢这样的感官存在物。

在所引的分别与九川与萧惠这两段话之间不同的是,前一段话是要强调身心是本质上合一的,后一段话是告诉他的学生,身心之间在现实状态中存在着冲突和对立,但是他又隐含地指出,这种冲突和对立是一种虚假的现象,真己不外在于你的躯壳肉体,二者应该在最高的层次上能够获得统一,为"躯壳"四体的己与为心灵的或道德的真己在本质上是统一的,用孟子的话就是大体与小体既冲突又本质上归于一本。其意义在于试图指出,能够真正做到为真己也能服务于四体躯壳的满足。既要最终确立它们之间的同一性,同时又要正视在常规状态下二者之间的直接的对立,正是儒学尤其是心学的最

〔1〕王守仁:《传习录》,《王阳明全集》,第90—91页。
〔2〕同上书,第35页。

大的特征，在这里，至少我们在一定程度上可以认为泰州学派尤其是王艮个人的"安身"思想并不完全脱离或违背于阳明的思想宗旨，虽然这是需要高明之士或利根之人的指引和规范才不致脱离轨道的，儒家的为己是内在此义的。有时，在阳明看来，心不仅是身的主宰，而且它本身就是"主宰"，因为作为"主宰"而成其为心。"惟干问：'知如何是心之本体？'先生曰：'知是理之灵处。就其主宰处说，便谓之心，就其禀赋处说，便谓之性。孩提之童无不知爱其亲，无不知敬其兄，只是这个灵能不为私欲遮隔，充拓得尽，便完；完是他本体，便与天地合德。自圣人以下不能无蔽，故须格物以致其知'。"[1]这个心之主宰实际上指的是心灵的理性的反思和自我调控的能力，即所谓"自律"和"自主"，因此，"心"就是生命的主体，所谓心学也就彰显于此吧。这里需要指出的一点是，阳明常道主宰，实际其立论之基础在心之本体，从身心关系的根本层面上言之的，完全的主宰正在于本体的完全彰显，即道德主体的真正确立，而不是身心之间的紧张性和冲突性，而是它的一致性和统一性及同一性。

净慧长老所讲的真妄同源与阳明所说的身心的整体论还有不小的差异，但是，从大的路径方向上有其一致性：即对立的双方其实本是一体，识得本心的过程其实自心自证的过程，同样认识自己身体欲念的过程其实也是自己的道德本心自我完善的过程，因为，所谓的身体或欲望也应该是与自己的心识、意念联系在一起。同样，禅宗所讲的分别心、分别智也是如此，它是带有欲念特征的心识，是冲动性的意念，这种自我认识同样需要在认识之外的修养功课才行。

2. 万物因缘因心的起灭

既然真心妄心本是一心，身心虽然似乎为二，其实也是一个，那

---

〔1〕王守仁：《传习录》上，《王阳明全集》，第34页。

么它们的触机就是天地万物,心识与万物的交感就是缘,我们看上去是万物或人物或人人之间的联系,其实这本质上是一种心的联系。心动则万物动,心止则万物"歇",这个心识同时也受我们的内心的无明的支配,从佛法来说这就是妄心。要使妄心停歇,那就只有两个路径,一个是通过静坐调息持戒等方式调御自己,另外一个就是做观的功夫,观察世间的因缘变化,在见地上道理上真正弄懂,净慧长老说:

> 佛法最究竟的地方,就是"一切法因缘所生"。懂得"一切法因缘所生"对人生有什么意义呢? 有大意义。明白了因缘共生的道理,烦恼可以断掉,执著可以破除,我执可以放下,法执可以放下。既然都是缘起的、缘生的,你还执著什么呢? 你执著,无非就是能做得了主,要能够自由,要我想怎么样就怎么样,我的意见第一,一切都是从我出发,没有别人。这种情况在生活当中很普遍,随时随地都会表现出来。如果一个人总是一定要体现我的意志,总是我的意志不能动摇,该有多么愚痴。[1]

但是,怎么样才能辨识这个因缘问题呢? 一方面,前面我们引述的净慧长老的话,即我们观察自己的直下的第一感觉,不要转念,这个时候的"存在"是直接的而不是意念的,是感触的而不是欲望的;另一方面,我们需要重新认识我们的心和外物的关系模式。这个模式就是我们的感官就是我们的心,二者二元一体,心与物之间交相感应。上面净慧长老所说的不明白因缘共生的人,把"我"看得甚重,看成是天地间的唯一、独一无二、最高或至高无上,其实,这是心识造作所生。"我"不过是身心的一个混合物,换句话说,"我"其实是一个感触中的

---

〔1〕净慧:《生活禅钥》,北京:生活·读书·新知三联书店,2008年,第32页。

"存在者"而非实有，这是佛学禅宗的一般性理解，阳明学本身尤其是阳明本人也有类似的解释，他通过人心与万物的关联根源，揭示了心识、心体与万物生成的因果性，他说：

> 这视听言动皆是汝心：汝心之视，发窍于目；汝心之听，发窍于耳；汝心之言，发窍于口；汝心之动，发窍于四肢。若无汝心，便无耳目口鼻。所谓汝心，亦不专是那一团血肉。若是那一团血肉，如今已死的人，那一团血肉还在，缘何不能视听言动？所谓汝心，却是那能视听言动的，这个便是性，便是天理。有这个性才能生。这性之生理便谓之仁。这性之生理，发在目便会视，发在耳便会听，发在口便会言，发在四肢便会动，都只是那天理发生，以其主宰一身，故谓之心。[1]

人的知觉联结着人的本心，感官是人心的发窍处、作用处、表现处，那个能视听言动的是人的性，或者说那个动能是人性、是天理，它是生命的本质，此生命的本质作为生生不息的存在就是仁，此仁发在耳目口鼻就会视听言动，这视听言动的主宰不过就是人心，人心与其感官官能就是体与用的关系，二者之间既有矛盾又有统一性和同一性，所谓人的灵明知觉首先指的是人心之本体，它和天地万物是一气流通的，人的感官知觉就是天地万物外在的表现者，是使其在感性层面上展现出来的方式。阳明还曾说："目无体，以万物之色为体；耳无体，以万物之声为体；鼻无体，以万物之臭为体；口无体，以万物之味为体；心无体，以天地万物感应之是非为体。"[2]天地万物就是人心、就是人心之外在处感官官能的承担者，从本质上，天地万物互感

---

〔1〕王守仁：《传习录》，《王阳明全集》，第36页。
〔2〕同上书，第108页。

互应,但是因为它们的感应能力的不同而构成了万物之间的序列等级,人心之灵明成为主宰处。这个主宰也就是一个心体和心识之间自我认识、互相作用,心体克服无明之风恢复其本体的过程。净慧长老说:

> 所谓"树欲静而风不止",风总在吹,要让叶子不动,枝条不动,根本不可能。那怎么办呢?只有改变我们的主观,让内心的无明之风停止下来,"情不附物",才能与道相应。所以只有凝住壁观,无自无他,什么苦来了你都不动,才能够逢苦不忧。否则的话,我们就天天受煎熬,时时刻刻受煎熬,分分秒秒受煎熬。[1]

破除愚蠢痴迷的心识动荡,回到心体的自然安然自在,假我妄心自然消失,真心真我或本来的"我"自然呈现,儒家的身心二分痛苦挣扎的"我"也消失了,而那个活泼自然自由畅快的真我出场了。"我"的一切视听言动都自由自如安然祥和,因为我的感触处处都是身体,处处都是心灵,处处都是天理,处处都是大道智慧了。

当我们知道宇宙万物不离我们的心识存在,我们也就知道了我们和世界的同一性,同时我们也进而知道了世界是依赖缘而存在,而缘其实是我们的心的兴起,世界的存在其实是我们的意用之物,这意用之物或意在之物是指的宇宙间事物的存在是离不开人心的,可以说是"心外无物"。阳明也曾作是说,这就是著名的南镇观花:"先生游南镇,一友指岩中花树问曰:'天下无心外之物,如此花树,在深山中自开自落,与我心亦何相关?'先生曰:'你未看此花时,此花与汝

---

〔1〕净慧:《生活禅钥》,北京:生活·读书·新知三联书店,2008年,第28页。

心同归于寂。你来看此花时，则此花颜色一时明白起来。便知此花不在你的心外。'"[1]

这里我们也许应该首先要看到人心本身的"归寂"也就是人的知觉意识的冥合与天地万物之间的关联，在阳明看来，天地万物与人心、人的意识活动是同开同合的，也就是天地万物都有各自的感应能力，人的感应能力在人的感官层面上，人心通过人的感官而作用活动，阳明说："心不是一块血肉，凡知觉处便是心，如耳目之知视听，手足之知痛痒，此知觉便是心也。"[2]人心通过耳目口鼻的作用，和天地万物交接感应，人与万物的共同特点是它们都随昼夜的轮回而翕辟开合：

> 问通乎昼夜之道而知。"先生曰：良知原是知昼知夜的。"又问人睡熟时良知亦不知了。曰："不知何以一叫便应?"曰："良知常知，如何有睡熟时?"曰："向晦宴息，此亦造化常理。夜来天地混沌，形色俱泯，人亦耳目无所睹闻，众窍俱翕，此即良知收敛宁一时。天地既开，庶物露生，人亦耳目有所睹闻，众窍俱辟，此即良知妙用发生时。可见人心与天地一体，故上下与天地同流。今人不会宴息，夜来不是昏睡，即是忘思厌寐。"曰："睡时功夫如何?"先生曰："知昼即知夜矣。日间良知是顺应无滞的，夜间良知即是收敛宁一的，有梦即先兆。"[3]

在这里我们看到世间万物的存在时一种心识和心体的共同存在，是"我"的存在于世界的存在的同一性，但是，这不等于"我"是世

---

[1] 王守仁：《传习录》，《王阳明全集》，第107—108页。
[2] 同上书，第121页。
[3] 同上书，第105—106页。

界的中心和主宰者,因为"我"或我的心识只是世界的因缘凑合,而心体本身是寂然不动的,心体一动即山河动摇。其实,从本质上来说,本没有什么心体与心识的二分,关键仅仅在于我们的心是不是圆融的常触常静的。但是,这需要我们认识到,世间的因缘就是因果,世间的因缘就是心的萌动,心的主体性能动性仅仅在于认识到这一点并复其本体而已,不要停留纠缠在我的心识即儒家的感官感触的过程中,因为这个感官感触其实就是我的心,心量从根本上是无限的。净慧长老也指出:"我们所看到的山河大地、宇宙万物、六道众生、十方法界等等,都没有离开我们的真如自性,都是我们的心识之所感现。"〔1〕可见,禅宗与阳明学的见地有很多相似的可沟通之处,指的互相摄取相资为用,最终成为佛法修证的有力助缘。

三、"我"的修证与境界:一与二的辩证法

阳明讲万物一体没有明确地谈到"无我",虽然这里面已经初步蕴涵了"无我"的意识,因此才会有晚年"四句教法"中的"无善无恶心之体"之说了。但是,讲无我是佛家和道家的家常便饭,也是修证的目标方向之一,所以,净慧长老说:"'三界久居,犹如火宅'。执著于有一个'我',事事为'我'而忙,不能够明白'无我'的道理,不能够'无所求',所以就长久地居住在三界里面,或者在天上,或者在人间,或者在三恶道,一直在六道中打滚,在六道里面饱受煎熬。"如何超出这个"我执"是一个真正的难题,净慧长老反复强调一个"守一"的妙用。他说:

> 任何一个修行者要想进入修行的境,唯一的方法就是"制

---

〔1〕净慧:《生活禅钥》,北京:生活·读书·新知三联书店,2008年,第83页。

心一处"。修习修习四禅八定，每一禅每一定都有不同的功德支，但是从始至终贯彻到底的是一心支。所谓一心支，就是要把我们的心念集中在同一处对象，就是要一心一意地做这件事。心能够制之一处，一切的问题都能解决，所谓"制心一处，无事不办"。并且说，"能守一，万事毕。"[1]

净慧长老这里所说的是修证的方法，但是，他在讲一的时候，同时又强调，讲到一，有的时候是方法，有的时候是本体和境界。譬如说四祖大师的"守一不移"，对于初学者来说，一般意义上就是指的方法而已，但是当这个方法做到位了，这个"一"就变成我们的境界了。守一其实是一个法门，而且还是一个十分深邃的法门，它有时候和二相对，有时候又不和二相对。[2] 一般情况下，守一或一以强调修证的方法为主，从境界层面来说，对于初学者来说，到一已经是十分艰难的历程了，如果能够圆融的话，这个一就是境界了；但是，对于大多数的修养过程来说，修一没有问题，但是修成一个一还不够，净慧长老又说过：

　　注意"不二"并非还有一个"一"可得，"不二"是连"一"也不存在的。若还有"一"与"非一"之分，那仍然是对待，还不圆满。那么，怎么才能达到这种不二的境界，换言之，怎样才能见到这个不二的真心、不二的自性呢？我们说，唯有"把握当下，坐断三际"才能到达。[3]

---

[1] 净慧：《处处是道场》，河北省佛教协会虚云印经功德藏，第90页。
[2] 同上书，第92页。
[3] 净慧：《生活禅钥》，北京：生活·读书·新知三联书店，2008年，第80页。

坐断三际就是以一颗没有分别的心安住当下,超越过去、现在和未来的时间观念。不二就是没有分别对待。这里可以分解为两种状态或路径,一个是有一,一个是没有一。前者多以方法论,后者则多以境界论。

"主一"也是儒学修养的一个重要概念,源于《尚书》"道心惟微,人心惟危,惟精惟一,允执厥中"之十六字心法,后到周子则有"圣可学乎?曰:可。曰:有要乎?曰:有。请问焉。曰:一为要。一者,无欲也,无欲则静虚、动直,静虚则明,明则通;动直则公,公则溥。明通公溥,庶矣乎!"(周敦颐《通书·圣学》)再后,二程子则倡言"主一",不知是否得自于周子,据《河南程氏粹言》曰:"或问敬。子曰:主一之谓敬。何谓一?子曰:无适之谓一。何以能见一而主之?子曰:齐庄整敕,其心存焉;涵养纯熟,其理着矣。"[1](从此段后半句看,当是小程子伊川之言,即重涵养,讲仪态)又有"主心者,主敬也;主敬者,主一也。不一,则二三矣。苟系心于一事,则他事无自入,况于主敬乎?"[2]此也应是小程子之言,与后来朱子所谓"敬者,主一无适之谓"《论语集注·学而》意同,当为朱子所言之源头。此外,大程子明道也倡言主一:"仁则一,不仁则二。"[3]"主一无适,敬以直内,便有浩然之气。"[4]此"主一"的学问经朱子力倡而成儒学重要修养之重要概念,迄至阳明,而又有新的发展,阳明在甲申将立志与主一统一起来,这时强调的主要是为学之心的专一不懈:

　　　　守谐问为学,予曰:"立志而已。"问立志,予曰:"为学而

〔1〕程颢、程颐:《二程集》,第四册,北京:中华书局,1981年,第1173页。
〔2〕同上书,第1192页。
〔3〕《粹言·论道》,《二程集》,第1173页。
〔4〕《入关语录》,《二程集》,第一册,第143页。

已。"守谐未达。予曰："人之学为圣人也，非有必为圣人之志，虽欲为学，谁为学？有其志矣，而不日用其力以为之，虽欲立志，亦乌在其为志乎！故立志者，为学之心也；为学者，立志之事也。譬之弈焉，弈者，其事也；'专心致志'者，其心一也；'以为鸿鹄将至'者，其心二也；'惟弈秋之为听'，其事专也；'思援弓缴而射之'，其事分也。"〔1〕

立志不是空言，而是立心，立心也不是悬空有一个想法，而是着于事务，即心事相合，即心之所之，专注于某一事物而不分心旁骛，儒家之立志当是在事事务务上专注于效仿圣贤，所谓"持志如心痛。一心在痛上，岂有工夫说闲话、管闲事"〔2〕，其实就是一个专心向学的心，有这个心就是立志就是主一，犹疑彷徨，反复不定或若即若离都是不能立志或志之不坚的表现，立志坚定就是一心而入，不再动摇倾斜，阳明上举下棋的例子即是如此，这是《孟子》中的一例，阳明曾反复列举，以佐证为学专心之要：

　　江山周以善究心格物致知之学有年矣，苦其难而不能有所进也。闻阳明子之说而异之，意其或有见也，就而问之。闻其说，戚然若有所省；归，求其故而不合，则迟疑旬日。又往闻其说，则又戚然若有所省；归，求其故而不合，则又迟疑者旬日，如是往复数月，求之既无所获，去之又弗能也，乃往告之以其故。阳明子曰："子未闻昔人之论弈乎？'弈之为数，小数也，不专心致志，则亦不可以得也。'今子入而闻吾之说，出而有鸿鹄之思焉，亦何怪乎勤而弗获矣？"于是退而斋洁，而以弟子之礼请。按

〔1〕王守仁：《书朱守谐卷（甲申）》，《王阳明全集》，第276页。
〔2〕王守仁：《传习录》，《全集》，第13页。

此之谓一心而入。[1]

"主一"之说从二程以来就有歧见,朱子继承小程子的思想并进一步发挥,鼎持整肃持敬的说法,依朱子"主一"就在持敬之中:"持敬之说,不必多言。但熟味'整齐严肃','严威俨恪','动容貌,整思虑','正衣冠,尊瞻视'此等数语,而实加工焉,则所谓直内,所谓主一,自然不费安排,而身心肃然,表里如一矣。升卿。"(《朱子语类》卷第十二)但是就如我们在前文中已经提及的,朱子将涵养与穷理分开,实际上是将思想认识与德性修养分离,这是阳明所不能接受的,阳明认为主一就是一心在天理上,不旁骛它求;而从朱子的角度,主一是敬,而敬则是"动容貌,整思虑","正衣冠,尊瞻视",只是身体容仪上的整饬,所谓"持敬以补小学之阙。小学且是拘检住身心,到后来'克己复礼',又是一段事。"(《朱子语类》卷十七)一方面是专心致志,一方面是谨言慎行、端庄肃穆。阳明虽然认为主一首先要专心致志,这是最起码的,但是同时认为此专心一意是专注于天理,而不是像一般学者那样专心于自己的学问技能,儒者则集中于天理的认同上,因此这同时就是居敬和穷理相统一的过程,也就是说主一是一个身心一体的过程,它是求道的进程而不是求术求技的方法,也不是仅仅使人的身体拘谨束缚的过程,所以就有下述对话:

> 梁日孚问:"居敬穷理是两事,先生以为一事,何如?"先生曰:"天地间只有此一事,安有两事?若论万殊,礼仪三百,威仪三千,又何止两?公且道居敬是如何?穷理是如何?"曰:"居敬是存养工夫,穷理是穷事物之理。"曰:"存养个甚?"曰:"是存养

[1]王守仁:《赠周以善归省序(乙亥)》,《王阳明全集》,第237页。

116

此心之天理。"曰："如此亦只是穷理矣。"曰："且道如何穷事物之理？"曰："如事亲便要穷孝之理，事君便要穷忠之理。"曰："忠与孝之理在君亲身上，在自己心上？若在自己心上，亦只是穷此心之理矣。且道如何是敬？"曰："只是主一。""如何是主一？"曰："如读书便一心在读书上，接事便一心在接事上。"曰："如此则饮酒便一心在饮酒上，好色便一心在好色上，却是逐物，成甚居敬功夫？"日孚请问。曰："一者天理，主一是一心在天理上。若只知主一，不知一即是理，有事时便是逐物，无事时便是着空。"[1]

阳明认为，如果居敬和穷理不是一个整体，主一就失去了方向，便成了单纯的空落的主一或者着落在具体的事物上，那就不是儒家所要追求的目标了，从孟子讲存心开始以学棋务要专心为例，也是要人存一个天理大道，阳明则更是强调这一点，首先要专心一意，同时这个心思要在专主天理这个层面上，否则就是小道，陆澄曾经也有梁日孚之问，阳明也是给予了同样的回答，陆澄问："主一之功，如读书则一心在读书上，接客则一心在接客上，可以为主一乎？"先生曰："好色则一心在好色上，好货则一心在好货上，可以为主一乎？是所谓逐物，非主一也。主一是专主一个天理。"[2]

专主于一个天理就是"精一"之功，而《尚书》所谓"惟精惟一"在阳明看来就是内蕴着天理，个体从自己身心角度上是身心统一、理气统一的，主一按照孟子就是存心，既是养气的功夫又是存理的功夫即所谓"配义与道"，主一就兼摄了这两方面的功能，首先是专一至纯粹的境地。

---

[1] 王守仁：《传习录》，《王阳明全集》，第33—34页。
[2] 同上书，第11页。

儒家谈个人精神的涵养修行,尤其是王阳明主张身心的调整,譬如从立志到主一就是一个精气神的整体的协调协和统一的过程,先从意志心理入手,有意识的确定志向,然后在这个过程中使身心与天理逐步达到一致和统一,立志和主一就是它的基本的功夫。儒家修养从人格层面是成为圣贤,从身心或心理层面是达到"从心所欲不逾矩"的状态,按前文我们已经看到,知行合一的状态、乐不容已的状态就是身心合一成为一个整体,由道德理性或天理主宰的状态,这也是阳明倡导为己之学的宗旨,为己最终要成己,成就一个真正的自己,在儒学中,成己首先要克己,要克的实际是那个逐物的放逸的进而是膨胀的自我,这个自我造成了我们身心的分裂和痛苦,但是这种克服之后又成就一个大我。这个过程从消极层面,是自我的收敛,收敛身心即通过安定自我来战胜自我,克服小体,呈现大体;从积极层面,就是行为自觉依循天理,造就一个大我,一个完全遵循天道的自我,就变成了一个身心整合的自我。这样,通过自我身心的收敛循天理而行的积极造就,克服身心统合的那些滞碍,而成就一个身心整合的大我,阳明教学几乎综合了儒家先贤的所有修养方式,以开导启示后学者:除前面所讲的立志外,静坐、省察、除傲、自忏、事上磨练不一而足。

禅宗以及净慧长老的"生活禅"谈到"守一"、"专一"或"守一不移"并没有强调专主一个天理云云,它是开始从一个修养功夫出发的,认真达成一个修养环节中的专一到精一到构成一个"大一"。这个"大一"就构成了我的修证的一个重要境界。这里没有特别突出"天理"、"天道"等的意义;同时,他还认为,一在必要的时候不要固定僵化,要不一不二,不二也不一定就是要主一,他的意识还是要人们做修养功夫的时候要破除"执着",不管是我执还是法执。阳明后期,也有类似思想,我们这里就不再一一列举了。

总之，在净慧长老的"生活禅"和阳明学的修证功夫和境界目标中有很多相类似的说法以及修证的功夫，这些都值得我们在以后修证和学思的过程中不断地汲取和转化，这是研究当代一位禅门泰斗和中国儒家心学的一位大圣者之间的关系的重要价值所在。

六、生活禅之"生活"与"禅"

——日用常行、提起放下与打成一片

净慧长老在近代人生佛教和人间佛教的基础上首倡"生活禅"，这是禅宗在中国发展的又一场大革命，是佛教和禅宗在当代世界的新发展，具有强大的生命力和感召力，未来的发展前景不可预期，可以预测的是必有辉煌的前途。其根本就在于它将世间的人类生活和"禅"融合到了一起，但是，这又不是文人墨客的戏论或心灵鸡汤式的散文诗，而是一种新的禅法。对它的进一步理解具有极其重要的现实意义。本文拟从净慧长老所阐发的"生活"和"禅"的两义和两翼来进一步解读其内涵以就教于方家。

一、日用常行的生活与当下

1. 学习日常生活中的菩萨

净慧长老在解释"生活禅"的来源时说道："'生活禅'来源于祖师禅的精神和'人间佛教'的思想，目的在于落实人间佛教的理念，进而把少数人的佛教变为大众的佛教，把彼岸的佛教变成现实的佛教，把学问的佛教变成指导生活实践的佛教。"[1]祖师禅的精神是什么？

---

〔1〕净慧：《中国佛教与生活禅》，北京：宗教文化出版社，2005年，第126页。

六祖大师指出：佛法不离世间，离世觅佛法，犹如觅兔角。六祖又说，对于修证佛法的人来说，迷就是众生，悟就是佛。佛与庸众仅在一念之间，仅在觉悟与迷失之间。换句话说，佛不是神秘的存在物，也不是超然的存在物，她是现实的存在、具体的存在，是觉悟了的众生，众生是有待觉悟的佛。这就是"生活禅"的出发点。净慧长老在阐释"生活禅"的理念时又引用近代太虚大师的话说：学佛就是日进于道德的生活，菩萨就是推动大众实现道德生活的人："在人类生活中，做到一切思想行为渐渐合理，这就是了解了佛教，也就是实行了佛教。因为佛陀教人持戒修善，息灭烦恼，就在使人类的生活合理化。学佛，并不一定要住寺庙、做和尚、敲木鱼，果能在社会中时时以佛法为轨范，日进于道德化的生活，就是学佛。""若以合理的思想，道德的行为，推动整个的人生向上进步、向上发达，就是菩萨，亦即一般所谓贤人君子；再向上进步到最高一层，就是佛，亦即一般所谓大圣人。故佛菩萨，并不是离奇古怪的、神秘的，而是人类生活向上进步的圣贤。"[1]这里太虚大师所说的生活就是世俗的生活：第一，学佛不一定非得在寺庙里修行才算学佛，只要是每天自觉的从事道德进步的"事业"就是学佛；菩萨、佛就是君子和大圣人。而所谓君子、大圣人就是儒家的圣贤。而儒家的圣贤不过就是日常生活中的道德和事业的精英分子，当然，他们在道德上的进境要比普通人高得多，但不是不可企及，而且最重要的是：他就是生活中的存在者。换句话说，太虚大师所举的圣贤就是我们日常中的道德模范，他们也就是菩萨，那些顶尖的人物甚至就是佛。这是不是将佛菩萨庸俗化、大众化了呢？其实不然，这虽然有一些比喻性的色彩，但是也是真实实在的。我们既要学那些修证圆满的大德大菩萨，也要学习日常的道德

---

〔1〕净慧：《中国佛教与生活禅》，北京：宗教文化出版社，2005年，第18页。

楷模,他们就是我们身边的菩萨,这也是净慧长老所倡导的"生活禅"的题中之义之一。"生活禅"立足于从现实的人生、身边的生活、周围的人群的教养、提升出发,使佛教、禅法、禅理深入日常才能实现他所说的将少数人的佛教变成大众的佛教,把学问的佛教变成指导生活实践的佛教,把彼岸的佛教变成现实的眼前的佛教。因此,太虚大师的思想也即是净慧长老"生活禅"思想的重要基石。从日进于道德,然后实现更高的觉悟。在觉悟人生中奉献人生,在奉献人生中觉悟人生。觉悟是要破除生命中的"执着",但是,破除执着还要在人生中实现,同时更要以此服务于更广大的人生之中,这才是"生活禅"的理念。

2. "破执"而又回归日用与当下是最高的修证

"破执"是学习佛法的本怀,不能破执就不能实证佛法,就不能走向自我的圆满的觉悟。但是,破执是不是就是修证的终点呢? 净慧长老指出,破执是为了重入世间拯救苍生,甚至不出世间而破执,他说:"破执是不是目的呢? 我觉得不是目的。佛法不破世间相。破执是指我们在修证上的一种境界,一种体验,一种对法的认可。于法认可了,达到这种境界了,还要入世度生。菩提道路还漫长得很。所以从大乘的角度,从禅宗的角度来讲,出世是为了要入世,要度众生。破执实际上就是出世,就是妙华法师昨天引用朱光潜的那两句话,'以出世的精神,做入世的事业'。这两首无相颂,都充分地说明了破执是为了什么。"[1]净慧长老秉承人间佛教的宗旨,实际是在讲,在世间修禅法,同时在世间生活。得到修证的成果不意味着去过出世的生活。那么,如果不是自修圆满,不看破红尘,那就是"以出世的的精神,做入世的事业"。入世的事业就是在自得圆满的基础上回归民

---

〔1〕净慧:《中国佛教与生活禅》,北京:宗教文化出版社,2005 年,第 116 页。

间和日常,或者说继续在日常生活中发挥你的精神功用,即度众生,这是大乘佛教的本怀,禅宗尤其是现代的禅宗不可能也不应该脱离大乘的宗旨。

另外,净慧长老还认为,破执入世还有一个保任的功夫。这就是儒家尤其是阳明学派所讲的"事上磨练"。我们经常说到,有的出家人避世修行,自己觉得已经开悟了,但是,一经世事马上摔倒,全然经不住考验,这就是没有经过"保任"的磨练,避世脱离人群修来的功夫是靠不住的。所以,长老说,"生活禅"这个法门其实是最难的法门,正是从这个意义上说的。从修证佛法尤其是禅法的角度,破执而入世的保任是自己最终圆满的最后的考验,所以,前面的修行不代表着你已经成功了。他说:

> 入世以后也并不是那么简单的事,入世还要修行。怎么修呢?这就是禅宗经常讲的"保任"。因为从教下来讲,要到八地菩萨才不会退转,八地是不动地。保任的功夫有深有浅。你破执入世,你要保任;我们平常所谓照顾脚下,照顾当下,实际上也是一个保任。保任什么呢?保任你那个正念,使你不会在日用云为当中失去了你的正念,不会在生死当中被生死转。在这个地方讲生死,世间就是生死,出世间就是涅槃,迷就是生死,悟就是涅槃。这个生死大体上讲应该有两种:一种是念念生死,一种是一期生死。念念有生灭,就是念念生死。我们哪一念觉悟了,我们那一念就是了生死,我们如果念念觉悟,那就念念在了生死。谈到生活禅,我自己从学习佛法、修持佛法的过程中体会到,生活禅是最难的修行法门,是最高的修行法门,是最契合如来本怀、契合历代祖师本怀的法门。佛说三藏教典,教我们做什么?教我们照管此心。这是个什么心呢?在迷的时候就是妄想

心,打破了妄想就是真心,所以我们首先就是要照管这个妄想心。保任有两个意思,在我们没有大彻大悟的时候,就要时时刻刻保持自己的正念,明明朗朗,清清楚楚。[1]

保任就是在"当下"的日用生活中时时处处"了生死"大事。因为,我们的"证悟"的境界是自己知道,如鱼饮水冷暖自知。过去,也靠老师父验核。但是,最终的检验其实是在日常生活中的行住坐卧上面,在日常生活的每一瞬间的念头和行动上。每一刻的"此心"都需要照顾到,当然觉证圆满的大觉者不需要这种提起来的自我关照,但是,对于学者或行者来说,无论是已经觉悟或还在路上都需要这种"观照",保证自己念念相续的明朗清楚,也就是保障自己时时刻刻的觉悟或"涅槃",这就是保任,这就是事上磨练,这就是最终觉悟的最后的一段也是最艰难的征程。所以,净慧长老所说的"生活禅"的最难应该是在这个地方,说它最高也是在这个地方,说它契合祖师禅和如来本怀也是这个地方。这里的核心就是日用常行的日常生活和关注当下的方法。日用常行和当下是一个问题的两个方面,其实是一而二,二而一的问题。日用常行的生活是由一个个当下构成的;一个个当下则是日用常行的当下,不是离群索居的当下。抓住每一个"当下"才是抓住了生命的根基,才是在做时时刻刻"了生死"的大功业,这样的修行才有修证的最大的意义。

二、"生活禅"的"禅"与"定"

1. 禅宗的禅、生活禅的禅是"定慧等持"

"生活禅"不仅有"生活",更要有"禅",没有禅,那就不是佛家了,

---

〔1〕净慧:《中国佛教与生活禅》,北京:宗教文化出版社,2005年,第116—117页。

那就成了别的很多的可能的东西了,可能仅仅是日常生活的,也可能是其他宗教的观念与行动。净慧长老对"生活禅"之"禅"有其特殊而深刻的解读,他说:

> 佛教法门很多,但是,一切的法门都还有一个中心的法脉,这个中心的法脉,是能够统率一切,概括一切,包容一切的,这个中心的法脉就是禅。可以说,一切的法门,若离开了禅,就没有佛法可言了。对于佛法,如何去体验,如何在生活中落实,那就必须要通过禅定,早在五六十年前,太虚大师就曾经说过:中国佛教的特质在禅。这个禅,主要是指禅宗的禅。一切的禅,虽然有深浅层次的不同,但是都能在禅宗的禅里,被概括无遗。[1]

净慧长老在这里诠释的是"禅"是所有佛教法门的重心,离开了禅就不是佛教,即便是念佛禅其实也是一种禅定。显然,禅定是佛教的重要标志。但是,长老又同时指出,禅宗的禅不是普通意义上的禅定所能涵盖的。禅定的禅不仅佛教在修,瑜伽、气功等等世俗的功夫也在修,至少是触及到它,因此,禅宗的禅有别于这种单纯追求禅定的意义上的"禅",禅宗之禅它的意义就是六祖大师所定义的"定慧等持":

> 那么禅宗的禅是什么呢?禅宗的禅除了修习禅定之外,还有智慧。世间禅是以定为主的,而禅宗的禅则不是这样。《六祖坛经》大家可能都看过,是叫"定慧等持"。禅宗的禅不讲出定、入定,它是一种心态,一种永恒的心态。也是一种观念、一种生活的方式,它贯穿在我们生活的各个方面。所以叫"行亦禅,坐

---

〔1〕净慧:《中国佛教与生活禅》,北京:宗教文化出版社,2005年,第196页。

亦禅,语默动静体安然"。行也在禅里,坐也在禅里,言谈动静都没有离开禅,而且都心态安然。这个体不光是指身体,它是我们身心的结合。这个是禅宗的禅。[1]

　　长老告诉我们,修习单纯的禅定是世间禅,而禅宗之禅当然也就是"生活禅"的禅,但不是简单的禅定那个意义,因为,它不讲出定、入定,它追求的是在日常生活中的"定"。它是一种心态、一种生活方式,即一种智慧,也就是六祖所说的"定慧等持",由定生慧,由慧生定,定慧一体,尤其是定在日用常行之中。在日常生活中心理和身体都同时保持一种安然、自然、自由、自在的状态。净慧长老虽然强调禅宗或"生活禅"的慧觉的层面,但是,他当然也不否定禅定功夫的必要性。他指出,智慧的境界很好,但是,这种境界并不易得,修习禅定则是走向这种境界的一条捷径。他说,"怎样修习才能达到这种境界呢?我们通过思维、通过看书,通过平时的各种修养固然可以达到这种境界。但是,通过禅定达到这种境界会更直接一些。所以禅宗的禅不仅不排除打坐,也不排除修习禅定,而且认为打坐、修习禅定是达到这种境界的殊胜方法。"[2]但是,很显然,禅定不是目的,修习禅定是为了获得动静一如的境界。

　　"生活禅"的禅定功夫在它的"息道观"中逐步培育。净慧长老也因此特别强调了调节呼吸对于我们生命的意义:

　　　　禅如此高妙,如此了不起,最后还要通过这样一个简单的方法来修,这就是越高深的东西越平凡,可能越平凡的东西也是越难做到。就像数呼吸这件事,呼吸离我们最近,于我们最亲切,

---

〔1〕净慧:《中国佛教与生活禅》,北京:宗教文化出版社,2005年,第281页。
〔2〕同上。

我们时时刻刻可以感受得到。我们人是怎样生活的？生命是怎样延续的？就是因为我们有这一口气。老和尚们总在说,"一口气不来,转眼即是来生。"可见这口气、这个呼吸对于我们人的重要性。[1]

一口气不来即是一期生命的终结,即是来生了,足见每一口气都是何等重要。当然,这一口气还不仅仅这个含义。每一口气的调节关乎我们自己身体和心灵及其整体即"体"是否安然,是否舒适。在这个意义上,自然、舒适、安然的呼吸就是"定",也就是当下的"觉",而粗短的呼吸则是不定、自我还处于迷失之中。因此,修习禅定的呼吸是生命自觉的一个重要条件,时时刻刻在当下把握调节自己的呼吸就是修习禅定。所以,在净慧长老的"生活禅"里面,修证的"当下"每一刻与"息道观"念念呼吸即"每一口气"的平和、舒缓、绵密就代表了他的禅法的特点:"生活禅"的生活与禅都立足于生命、生活的每一个时刻,由此构成修证的链条、觉悟的链条,最后达致圆满。

2．提起、放下与随缘"动"中修行

说到"当下"与每一个呼吸似乎使人有把捉、用力,难以自然舒适的感觉,以为"生活禅"的生活意味与禅的意味丧失了,其实不然。这种随时随地的提起与随时随地的放下正是"生活禅"的妙道。提起来是为了放下去,没有提起,就不能使自性发萌,没有放下又成了桎梏,因此,这种提起与放下的统一正是"生活禅"的辩证法,也可以说是整个禅宗的精髓。长老在解释达摩借助言教、经教甚至说教体悟宗法的时候指出:

说"藉教悟宗",但是你不要把那个教就当成是实在的东西。

---

[1] 净慧:《生活禅钥》,北京:生活·读书·新知三联书店,2008年,第178页。

经教上说"心、佛、众生，三无差别"，你就不要去执著这个。你以为当真的是三无差别，你以为当真的你现在就是佛，你执著这个，你就错了。虽然是"心、佛、众生，三无差别"，但是我们的心还被客尘烦恼盖覆着，现在还不是"主人在当家"，而是"客人在当家"。所以我们还要有一个修为的过程，有一个修行的过程，有一个把无明烦恼逐步排除的过程。我们能够这样做了，自然就"与理冥符，无有分别，寂然无为"。这就叫"理入"。[1]

从教理教义体入不意味着你自己已经证成，更不是说行者本身已经就是佛了，还只是相信心、佛、众生的一体，它本原一体，但是不是说它现成一体。这正如阳明学所提示的，这时的警醒正是良知唤醒的时刻，体悟的过程从禅法来说，也是自性萌发的时刻。这个自性就是自己的真我，是真正的主人，但是，在它做主之前或者说在它能做主之前有一个漫长的"反客为主"的过程，怎么样让主人回归本位，这是时时提起的要害所在。这在我们日用常行的修为中是这样，在修行禅定之中也是如此，时时提撕就是要既不能昏沉，也不能掉举。让自性时时光明朗照直到不照自照为止。但是，这种提起不是时时刻刻把捉着，如果那样就会很累，而且又起了分别心，又起了执着，反而害了功夫，因此，还要随时随地的放下，这就是长老所言的"随缘行"。不管是日常的德性的涵养、修为还是打坐工夫等等，都要随缘。随缘是佛法的道理，即世界皆为因果所凑合而成，不要固执己见，不要固定念头，不要固定场地和方法，要随缘就地。同时，这种随缘也是"生活禅"获得自在的途径，即"定慧等持"：禅是一种智慧，是禅定与生活方式的统一，禅定不是单纯的闭目打坐而是心安舒泰，因此，

---

〔1〕净慧：《生活禅钥》，第24页。

随缘行就是时时放下。长老在解说打坐的问题时指出：

  禅七结束了，各位回到自己的家里了，这是另外一种缘，另外一种条件。缘改变了，我们如果还要成天打坐，既不上班，也不做家务活，那行不行呢？应该肯定地说，那是不行的，因为你还不具备那种条件，还没有那份缘。就是我们出家人，除了定期的专修时间，一般地说，要想成天专门打坐也是很难办到的。比如我自己，我很想有时间在禅定方面进行体验，放下万缘，专修一、二年，但时节因缘使我无法摆脱许多事务性的工作，总是一件事接一件事，多数时间是几件事重叠在一起，推不掉，也摆不脱，只有发心去做。在这种情况下只有在"动"中来磨炼，在"动"中来修持，做到像《证道歌》所说："行亦禅，坐亦禅，语默动静体安然。"在"动"中修特别要注意时时觉照、事事觉照，注意管住自己的心态，保持心态的安祥。有了觉照，"动"中能"静"，"语"中能"默"，那就行亦是禅，坐亦是禅，时时安然，处处安然，事事安然了。这种修行难度太大了，必须有定期专修做基础才能逐步达到这种层次。[1]

  长老在说明"生活禅"不可能脱离生活修行的同时，指出，这种修行的困难之处：无法长期脱离日常事务之外专事打坐等等，即如他这样的出家人都很难，那普罗大众更是无法想象了。那么，解决之道就是"生活禅"的精髓了：动中修行。这个动中的静与定就是随时提起本心，随时放下杂念和执念。理解、把握随缘是其中的诀窍：不能把握随缘就生执着：要把修行变成一个专门的事业去做才行。提起

---

〔1〕净慧法师：《中国佛教与生活禅》，第258页。

要有条件的提起,放下要有条件的放下,这样的修行就不是禅法更不是"生活禅"了。

三、生活与禅泯同:五法一如与定、静一片

净慧长老在解释"生活禅"的缘起时指出,这个概念是受到吴立民先生在讲授《楞伽经》五法和生活关系时想到的,是将这个概念推广来运用的。《楞伽经》的五法是迷悟相续、名相与本体共生的五法。但是,如何能在前迷后悟的基础上实现迷悟的混同、事理的圆融,其实就是在生活中修行,在修行中生活,直到过上"禅生活"的境界,打破五法的界限,这正是净慧长老所提出的及其所追求的"生活禅"的境界,他说:

> 五法是什么?就是"相、名、分别、正智、如如"。前三者就是我们迷界的生活,后二者就是我们悟界的生活。"相、名、分别"是生活,"正智、如如"是禅。也可以说,这五法不是一个一个地这么排列的,而是重叠的。五法是一件事,不是五件事。一个事物有相,就必然有名,有名,我们就要去认识他;认识一件事物,在开始的时候是我们的妄想分别在认识,是有漏的;如果在这个有漏法上以无漏智慧去认识,那就是正智;以无漏智慧认识的结果就符合于真如实相,那就是"如如"。所以,对于任何一件事情,都可以运用五法来分析。[1]

净慧长老睿智地指出,对于任何事物都可以以五法来统摄,以五法来观照考察,即从有分别的有差别对待的视角看待它,同时也可以也应

---

[1] 净慧:《生活禅钥》,第 174 页。

该从超越分别和差别对待的视角去观察认识它。从这个"五法"全体来看"生活禅",那它就是一个有漏、无漏的整体。从这两个方面来观照、从这两个方面来实践修行就能将"生活禅"和"禅生活"凝结为一体。完全的超越名相就成了出世的关照,就会不能相机地看待处理世事,但是,如果将生活看作实相不能从正智、如如的视角来看待生活、实践生活那就堕入了世俗常理常情之中,因此,这二者的圆融即是"生活禅"的内在机理:

> "相、名、分别"是生活,同时也是禅;"正智、如如"是禅,同时也是生活。如果把这两者截然分开的话,那生活禅还是不究竟,生活禅就是要说明,生活就是禅,禅就是生活,因为世间的一切万事万物,无不可以包含在我们的生活当中,也无不可以包含在禅当中,所以生活即禅,禅即生活。五法为什么能够便于说明禅呢? 它有世间与出世间、有染和净两个方面,说起来比较有层次,生活禅可以用五法这样的次第来说明。[1]

染、净混同不是要混淆二者的差别对立,而是要人们真正理解"生活禅"的本义:不要将生活与佛法对立起来,而是在修行之中,修证以后都要立足于生活;同时,要把禅的精神、禅的意趣融入日用常行之中使之打成一片。但是,这个一片不是要屈从于生活之染着,而是在生活中立身,在生活中成就,在生活中检验。当人们深入理解契入了禅法大道,并将现象与本体的对待消除,就如同王阳明告诉他的弟子的,这种分别只是一种人为的观照,一切如是:

---

〔1〕净慧:《生活禅钥》,第 175 页。

或问"未发已发"。先生曰:"只缘后儒将未发已发分说了,只得劈头说个无未发已发,使人自思得之。若说有个已发未发,听者依旧落在后儒见解。若真见得无未发已发,说个有未发已发,原不妨原有个未发已发在。"问曰:"未发未尝不和,已发未尝不中;譬如钟声,未扣不可谓无,既扣不可谓有,毕竟有个扣与不扣,何如?"先生曰:"未扣时原是惊天动地,既扣时也只是寂天寞地。"[1]

所谓内外、对待都是人为的分别,即如大程子程颢所说:

所谓定者,动亦定,静亦定,无将迎,无内外。苟以外物为外,牵己而从之,是以己性为有内外也。且以己性为随物于外,则当其在外时,何者为在内?是有意于绝外诱,而不知性之无内外也。既以内外为二本,则又乌可遽语定哉![2]

上述见解又如净慧长老所言:"生活禅"是一种生活方式,仍然分成觉者的和修行者的。自由、自在是觉者的生活方式。行者的方式则是照顾的,自我关照的,觉醒的,时时观照的。禅是一种境界:有打成一片的,这是证成的成果,还有不成片段的,这是行者的路途上的成就,最终是禅与生活打成一片。当下的照顾与保任的意义也就最终呈现了,到动静一如时候也就自在了:

禅修的目的,不外乎是要使我们的痛苦得到止息。痛苦从

---

〔1〕王守仁:《传习录》,《王阳明全集》,上海:上海古籍出版社,1992年,第115页。
〔2〕程颢:《答横渠张子厚先生书》,《河南程氏文集卷第二》,《二程集》第二册,北京:中华书局,第460页。

哪里来？痛苦来自无明和迷惑。因此只要有明、只要有智慧，就不会有痛苦。明是什么？明就是觉性，明就是正见、正知、正念。我们在日常生活当中要不断地培养这种觉性，以观照当下的方式来培养我们的觉性，使这种观照保持连续性和稳定性。我们禅修无非就是要这样，做到在日常生活中打成一片。打成一片，用现代话说，就是要保持连续性和稳定性，使之绵绵密密。这种禅修，便是在生活中修行的生活禅。在日常生活中，我们不断地观照自己身心的实相，对自己的一举一动念念分明，分分秒秒在在处处提起正见、安住正念、观照当下，这便是生活禅。[1]

绵绵密密的心境就是消泯了差别对待的生存方式，即在生活之中，又在禅境之中，即如长老所言的从"生活禅"走向了"禅生活"，但是，当我们把这二者的分别也清除了的时候呢？我们当会无言。

---

〔1〕净慧：《生活禅钥》，第185页。

七、诗意的栖居与行走

——禅、儒之学中生命的"绿色生存"与我们今天的向往

　　荷尔德林"人诗意的栖居"这句话在被海德格尔引用并使用之后广泛流传,成为人们对一种超越现实世界之繁琐、琐屑、烦杂、操劳、烦心的状态而达致一种理想生活状态的最简洁的描述。其实,何者为"诗意的生存"? 不同的生命哲学其言各殊。即便按照海德格尔的哲学趣向来考察,如果把"诗意"理解为奢华则不是,理解为苦吟和求索也不是,惟其如此,我们可以说,禅者的生活状态才是真正的"诗意的生活"。这个"诗意"不是仅有的或主要的不是我们一般意义上的"诗歌"之况味,一般意义上的诗歌或诗情画意不仅不能"敞开"或"去蔽"反而可能增添了一重"遮蔽",一重束缚,真正的"诗意的栖居"或"诗意地生活在这个大地上"(荷尔德林),是一种自由、洒脱、超脱世俗尘劳从容自在的生活。我们如此去看,则会发现,古往今来,真正践履此种生活方式者惟禅者能之,道家与儒家中的一部分学者也心向往之或已经领略其胜境。拿我们今天现代人的生活状态和视角来看,禅者的生活是一种真正的"绿色的生活",他们的生存是"绿色的生存",他们的生命是"绿色的生命",今天由台湾圣严法师所倡导的"心灵环保"和大陆净慧法师倡导的"生活禅"是现代人所追求的"绿

色生存"的导向,它为当代人的居住、生活、出行、旅游以及与周围世界尤其是与自然界的和谐共处指明了方向,它是古代禅者和部分儒者生命践履的继承和发扬,本文仅就此问题做一最简略提纲挈领的描摹。

一、心底充盈与流溢:禅者的诗意生存与儒者的诗意向往

禅者的诗意的生活不仅可以从其生活的态度以及生存的样态来确认,即自由、解脱、洒脱、任运的生存方式,而且还可从他们诗化的生活方式来认定,这种诗化的生活方式就是他们的特殊的"语言交流方式"如机锋等,或也可以从其另外一种"超语言"的交流、表达、指示方式中来考诸,即棒喝、举拂等等一类,这些都是一种超出了日常思维逻辑的语言,其实都可以归结为"诗化语言",诗化语言不一定大都是语言,而语言不一定都是日常散文化的语言,因为诗歌语言本身就是简约的,而其所要表达或表显的意义、意思、意念则是根本的,一般诗歌以意象来表征事物或意蕴,但是有的语言本身就是超脱意象的或者是意在言外、意在象外或直接就是否定性的指示与表达,因此,禅宗中人与诗歌是很亲近的。冯友兰先生曾经指出两种不同类型的诗歌,一种是"进于技"的诗,这个技就是技术、技巧、技能、技艺,就是那种仅能够表现可感觉层面内容的诗歌;还有一种是"进于道"的诗,这种诗在表象之外即在可感觉之外或在表象之外表现不可感觉、不可思议的"存在",这是"进于道"的诗,他如此概说:"进于道底诗,必有所表显。它的意思,不止于其所说者。其所欲使人得到者,并不是其所说者,而是其所未说者。其所谓'超以象外'(《诗品》)就其所未说者说,它是'不著一字,尽得风流'(《诗品》)。就其所说者说,它是'言有尽而意无穷'(《沧浪诗话》)。进于道底诗,不但能使人得到其所表显者,并且能使人于得其所表显之后,知其所说,不过是所谓筌

135

蹄之类,鱼获而荃弃,意得而言冥。此所谓'如羚羊挂角,无迹可寻','不落言筌','一片空灵'(《沧浪诗话》)。"[1]这种意在言外、意在象外的"语言",既可以通过语言来表达,也可以通过其他形式来表达,但是都可以看作是一种"诗化的语言"。

"禅宗中底人常借可感觉者,以表显不可感觉、不可思议者。例如竖起指头、举拂子之类,都是如此。他们所用的方法,有与诗相同之处,所以他们多喜引用诗句。《圆悟佛果禅师语录》云:'忽一日,官员问道次,先师云:官人,尔不见小艳史、诗道:频唤小玉元无事,只要檀郎认得声。官人都不晓,老僧听得,忽然打破漆桶,向脚跟下亲见得了'(卷十三)。禅宗中底人,用这些诗句,都是欲以可感觉者表显不可感觉、不可思议者。佛果'打破漆桶',是借诗句之所说者,得到其所未说者。"[2]禅者的诗意的生存既是与诗的共存,又是日常的生命的诗化的状态,这种所谓的诗化的状态就是内心充溢而又虚无,既超越日常又不离开日常,此中有欲言说又不可如日常言说的状景。因此,禅宗中人的话语从祖师禅来看有其特异之处,但是其实是常态的,是他们的常态,所谓"大道从心底流出",因此,在日常语言逻辑来看又是奇怪的,这就是一种我们今天所不易见但又需要追求的一种生命境界。我把这种内在充盈即心地踏实、实在而不空虚但又不滞于物的状态称作"内在充溢",语言的表达在这种状态下是随机的、应机的、变动不居的,因此是诗化的,这是一种精神觉醒的话语方式,与"世事洞明皆学问,人情练达即文章"的学问文章恰成对照或直接的反对。

内在充盈之语言似不可得更不可说,它是真正生命中最深层内质的呈现或者说流溢。黄庭坚论诗说:"诗者,人之性情也,非强谏

---

[1] 冯友兰:《贞元六书》(下),上海:华东师范大学出版社,1996年,第961页。
[2] 同上书,第962页。

诤于庭,怨愤诟于道,怒邻骂座之为也。"(《书王知载胸山杂咏后》)此处黄庭坚的诗歌说有类于晚明的性灵说,但是又更逼近人的内在心灵真实,因为黄氏是真正操持修养践履身行的诗人,而不是单纯的文学化的性灵之说,后者则或不免会陷入格局局促的问题,黄氏之性情则是指人的内在的天然的纯粹的性情所言,是相通于大自然的无言而又简单质朴和本真的实在,所谓如孔子所言"四时行焉,百物生焉,天何言哉?"任运自然大道的性情,而不是日常喜怒哀乐的性情,不离于日常又超越日常之所为是。人的话语乃至于诗语从何而来,普通人与诗人每以"推敲"苦吟为尚,千锤百炼、"语不惊人死不休",但是,真正的见道语言却不是以这种方式出现的。据载,雪峰义存禅师与岩头禅师共游,雪峰每日用功不息,岩头却倦醒高眠,雪峰甚不满,言自己心中不安,岩头声称与他解说,遂有下述对话:

师曰:"我初到盐官,见上堂举色空义,得个入处。"头曰:"此去三十年,切忌举著。"又见洞山过水偈曰:"切忌从他觅,迢迢与我疏。渠今正是我,我今不是渠。"头曰:"若与么,自救也未彻在。"师又曰:"后问德山:'从上宗乘中事,学人还有分也无?'德山打一棒曰:'道甚么!'我当时如桶底脱相似。"头喝曰:"你不闻道,从门入者不是家珍。"师曰:"他后如何即是?"头曰:"他后若欲播扬大教,一一从自己胸襟流出,将来与我盖天盖地去。"师于言下大悟,便作礼起。连声叫曰:"师兄,今日始是鳌山成道。"[1]

雪峰一一介绍自己的悟入过程,从解悟到心证诸般,岩头均予否决,并直言:你不入道,倚傍他人的知解不是大道根本,只有言语行动从自己心底流出,才是康庄正途。这就是一种真正的用海德格尔语的所谓"去蔽"与"敞开",当然不是他之意义上的,但却是真正的敞

---

〔1〕(宋)普济:《五灯会元》(中),北京:中华书局,1984年,第379—380页。

开或者说是打开或觉醒者、觉悟者的姿态,只有走到日常行径的横崖绝路才能走出这样一条从大道根本上自行流溢的路径,并进而回到日常中来,但是言语状态、身心状态则是一片更新。临济曾上堂云:"一人在孤峰顶上无出身之路,一人在十字街头也无向背。哪个在前?哪个在后?"[1]在这样的身心状态下,也才能鞭辟入里、幡然大悟,而这时的语言与行为则是自然流溢不待思虑、筹措、运谋,一切自然而然。临济"到凤林,林问:'有事相借问得么?'师云:'何得剜肉做疮!'林云:'海月澄无影,游鱼独自迷。'师云:'海月既无影,游鱼何得迷?'林云:'观风知浪起,玩水野帆飘。'师云:'孤轮独照江山静,自笑一声天地惊。'林云:'任将三寸辉天地,一句临机试道看。'师云:'路逢剑客须呈剑,不是诗人莫献诗。'凤林便休。师乃有颂:'大道绝同,任向西东。石火莫及,电光罔通。'"[2]这就是大道从心底流出的一种状态,自然施为、无加覆盖,天地间自然本真如何呈现?人为的对立何以破除?语言的随机应对使呈现者自现,也使对待、对立进入绝境,这种诗化的语言和行动其实是诗化人格的再现,言语或诗句只是一种心灵的呈现,不是为对话而强作诗人。

这样的对话以及通过种种常人所不能诠解的行为(此种例子在禅宗更是举不胜举)所表达的"意蕴"都是大道内盈自然流露施为的结果,而行为和语言、偈子一样其实都是可以称作一种诗化的行为,这里的诗化就是超越日常语言逻辑、简约、指示、清新、自然,正是一种人格的表征,这种人格不是通过感性、知解等等途径的分别所能够把握的,它是生命内在的整体性的受用及其施为,是超越了二元对立的探透本体本原后的心思妙用,语言或对话只是人的心理状态和思维方式的一种再现。将儒释道会通一炉、熔铸一体的王阳明曾与学

---

〔1〕(宋)赜藏主:《古尊宿语录》(上),1994年,第57页。

〔2〕同上书,第83页。

生有下述对话也说明见道之人对世界的理解。问曰："未发未尝不
和,已发未尝不中;譬如钟声,未扣不可谓无,既扣不可谓有,毕竟有
个扣与不扣,何如?"先生曰："未扣时原是惊天动地,既扣时也只是
寂天寞地。"[1]这一段话颇像禅宗公案,里面深藏玄机,"未发未尝不
和,已发未尝不中;譬如钟声,未扣不可谓无,既扣不可谓有",这是阳
明的原话,这里已经触及本体,但是学生疑惑的是,无论如何,还是有
一个扣与不扣,阳明慨然回答:"未扣时原是惊天动地,既扣时也只
是寂天寞地。"扣与未扣,从本体上并无分别,扣也是定,心定自然一
切定,既扣更是寂静,故谓寂天寞地;未扣,钟则自含其声,不失自性,
知其本有惊天动地之声,这是本体见道的不能表述的表述。禅宗有
"听孤掌之声"的故事,与阳明此论颇相类似,"听孤掌之声"实际是让
学僧品味所谓"无声之声",在这种体悟中把握天地本身与自身的通
为一气,然后在此基础上把握"本体"、"大道",阳明在此也无非是在
说明人心之本体,本体不从声闻入,它是自然流通的。他又说:"人
之本体常常是寂然不动的,常常是感而逐通的。未应不是先,已应不
是后。"[2]得此本体,语言表达因此而自然大方富有诗意。阳明得道
曾谓:"吾将以斯道为网,良知为纲,太和为饵,天地为舫。系之无
意,散之无方。是谓得无所得,而忘无可忘者矣。"(《心渔歌为钱翁希
明别号题》)我把阳明这种追求称作是诗意的向往,这一点对于追随
他的儒者弟子们来说尤为恰切。

阳明弟子也曾与阳明问答来往,求得真知。但无论是禅的精义
还是良知本体,按照日常语言逻辑的解说,则只能是越说越远,用阳
明话说是"良知本是明白,实落用功便是。不肯用功,只在语言上转

[1] 王守仁:《传习录》(下),《王阳明全集》,吴光等编校:上海:上海古籍出版社,
1992年,第115页。
[2] 同上书,第122页。

说转糊涂"。〔1〕这种语言就是我们日常用来日用和知识传授的言语,这种言语去知解大道,正不可得反受其累。得无所得、忘无可忘,正是在身心上求索的成果,而真正得其所得则实无所得,只是身心的变化而已,这种变化是言语所无法传递的,唯有一种超越日常逻辑的行动或诗化的语言才能够做出表显、指示,然后在此激发之下等待受者的自悟。开悟的生活就是一种诗化的生活,用"生活禅"创始人净慧法师之语就是由"生活禅"进入"禅生活","禅生活"是一种诗意的状态,但是这种"诗意"不是伤怀感古,而是自然而然、简约纯朴、直下心源、直出胸臆,再从这里发出的语言不是诗歌但是比诗歌更优美,不是诗情画意的生活,其实是真正诗意的生活。这个诗意是真正的或大写的诗意,是大自然的诗意,是个人融入自然之天然之后的悟境,是大自然进入人的生命状态之后的回报,真正的诗意正是人的自然化,是人获得天地之"大美"之后的觉悟状态。所以,人与大自然的亲近融合,是古佛、醇儒和当代禅者的必经之路,是诗化语言、诗意人生的前提。

二、绿色世界:得天地大美之同化的存在形态与我们今天的追求

诗意的生活是诗与禅的沟通和浑然一体,是心灵和言语的浑化,而这二者又往往是借助于自然山水的状景描摹,这正是感觉经验世界与内部心灵世界的同一性所致。一种诗意的生活,首先是心灵觉悟的生活,同时又是个人与大自然之外部世界沟通交流的生活。禅者的生活被看作是精神觉者的生活,其实这种觉悟、觉解、觉醒也可以称作是生命的绿色觉醒。相对于一般人生命的灰色来说,这是与

〔1〕王守仁:《传习录》(下),《王阳明全集》,吴光等编校,上海:上海古籍出版社,1992年,第109页。

大自然的生命和生机一脉相通的,所以禅者的生活是融入了自然的生活。中国人的自然就是自在、本然,西方人的自然 Nature 则又是本质、本性,说人的本性是自然正合此意。自然界的本性是自在、本色和生机,它的颜色是绿色,这是一切生命的生机活泼的颜色,也是我们这个世界今天被污染又试图努力寻找回来的颜色,其实它不仅是一种颜色而是生命本身,是我们人类存在和行走的家园。今天奢侈、铺张和浪费的生活目标正使各种垃圾充塞我们的周围,熏染我们的生机。庄子云:"天地有大美而不言,四时有明法而不议,万物有成理而不说。圣人者,原天地之美而达万物之理。"(《庄子·知北游》)此美既有天地内在的生机,又有万物外在的生机,如何使我们的生命本质和外部自然界达成一致,在开拓自然的同时不破坏自然的本色是我们今天所面临的严峻的挑战。今天人们正从过去辛苦紧张的谋生的劳作中逐渐解脱出来,开始享受生活,而外出旅游、行走更成为当下中国人日常的生活方式,因之,如何过一种身心绿色的栖居和行走生活是当下的课题,在这一点上,古代禅者和一部分儒者的生活状态与理念以及当代的"生活禅"学对我们来说都是契理契机、应时应教的。

自古以来,禅者的生活可以用简朴、简约来描绘,他们戒律严格,同时又清静自守、自觉觉他。他们因为戒律而自制,他们因为信仰而自律,他们更因为觉悟而自觉。唐代的懒残(法号明瓒)禅师,长年居住在山石岩洞里,曾有语云:"世事悠悠,不如山丘,卧藤萝下,块石枕头;不朝天子,岂羡王侯?生死无虑,更复何忧?"其实这不是一种身体承当的状态而是一种心灵承当的状态。当我们看到当下饮酒泛滥无度、酗酒纵车、各种事故灾祸频仍还自诩为中国酒文化等等,令人不觉慨叹文化本身的变异,自会体会到禅者的自觉自律的高迈。在现在这样的以花样翻新的消费推动生产、以奢侈糜华炫耀世间的现代生活下殊为难得,究其实这是一种心灵的功能,是心灵升华的外化的结果。只有心灵的提升、心灵的绿化,我们的环境才能最终得到彻底和全面的绿化,也只有心灵的升华、在心灵环保之后,我们的栖居与行走才能在一个新的、适合人类可持续生存与发展的方向上展开,这就是一个从内心到环境的"诗意"的呈现,这就是禅的思维和生存方式。从真善美的整合层面即禅的思维上我们才能重新思考我们的心灵和环境、我们的栖居和行走。净慧法师曾经说道:"从自然现象来说,满目青山是禅,茫茫大地是禅;浩浩长江是禅,潺潺流水是禅,青青翠竹是禅,郁郁黄花是禅;满天星斗是禅,皓月当空是禅;骄阳似火是禅,好风徐来是禅;皑皑白雪是禅,细雪无声是禅。从社会生活来说,信任是禅,关怀是禅,平衡是禅,适度是禅。从心理状态来说,安详是禅,睿智是禅,无求是禅,无伪是禅。从做人来说,善意的微笑是禅,热情的帮助是禅,无私的奉献是禅,诚实的劳动是禅,正确的进取是禅,正当的追求是禅。从审美意识来说,空灵是禅,含蓄是禅,淡雅是禅,向上是禅,向善是禅。当然,还可以举出更多现象来说明禅的普遍性,但仅此我们就可以发现禅作为真、善、美的完整体现,它确实是无处不在的。"[1]禅是无处不在的,但是只有独具只眼才能体会这种大自然的美好,此眼也就是禅的思维和眼光、禅的智慧,是心灵的开启才引导我们去发见天地本身内在的大美。山河大地都有情趣、都有美质,但是须有一颗禅心才能在这些禅中把握禅、体会禅。换句话说,我们每一个人要到山河大地的绿色中寻找生命的本色和底色,更要在我们心灵的修行中形成禅机,我们才会真正把握山河之美、世界之美和人类之真善美。这二者需要相资为用,互相提携,以心灵的升华带动外部环境的改善、以诗意的心态推进环境氛围的诗

---

〔1〕净慧法师:《中国佛教与生活禅》,北京:宗教文化出版社,第139—140页。

化、美化；反过来，用美好的自然景色熏染、陶冶我们的身心、以大自然生命的绿色澄澈我们的思维和观念，这也应当是我们今天不断开拓各种旅游资源的目标之一吧。这就是说，旅游资源的开发绝不仅仅是推动消费、满足人们的休闲需要这样一个简单的目的，同时更是在开发我们的生命、提升我们的生命，让我们每一个人重新寻找回来我们生命本身所独具、大自然所赋予的先天之"大美"，此"大美"不在身外而在身内。阳明曾与他的弟子交流孔子在川上之慨叹，弟子问："'逝者如斯'，是说自家心性活泼泼地否？"先生曰："然。须要时时用致良知的功夫，方才活泼泼地，方才与他川水一般。若须臾间断，便与天地不相似。此是学问极至处，圣人也只如此。"〔1〕

　　这种内心的生机活泼的状态就是自然的大生机的一种显露，个人的身心底色得到展开，内外的生机与诗意、绿色便都呈现出来。内心之美不能开发出来，天地之美就不能真正展现在你的面前；内心之美呈现了，天地之美则就在眼前。冯友兰先生曾引征宋儒作过一个关于"同天知"的大仁大智境界的论述，大智是对世界以天观之，大仁则是与天地万物为一体。"从天之观点以观事物，则对事物有一种同情的了解。周濂溪'绿满窗前草不除'，云：'与自己意思一般。'程明道养鱼，时时观之，曰：'欲观万物自得意'；又有诗云：'万物静观皆自得，四时佳兴与人同。'宋儒以为此都是圣人气象。其所以是圣人气象者，因此皆是能从天之观点以观物者之气象也。"〔2〕周濂溪、程明道之乐是因为他们都与"生物"一体了，这种与大自然的一体所展现的生命的生机、快乐和自然、洒脱以及对自然界的欣赏、自得是我们常人所不能体味的。程明道诗云："云淡风轻近午天。望花随柳

〔1〕王守仁：《传习录》（下）《王阳明全集》，吴光等编校，上海：上海古籍出版社，1992年，第103页。

〔2〕冯友兰：《贞元六书》（上），上海：华东师范大学出版社，1996年，第207页。

过前川。时人不识予心乐，将谓偷闲学少年。"[1]这种自然生机的和乐在大程子、周茂叔和王阳明的事迹中在在皆是。明道先生尝曰："昔受学于周茂叔。每令寻仲尼、颜子乐处，所乐何事。"又曰："诗可以兴。自再见周茂叔后，吟风弄月以归，有'吾与点也'之意。"[2]又曰："周茂叔窗前草不除去。问之，云：'与自家意思一般。'子厚观驴鸣，亦谓如此。"[3]"如此"谓何？"与自家意思一般！"这个自家意思正是绿草生机盎然的况味、大自然活泼充盈的姿态，而对于修养者来说，这种自然的生机、活跃、轻盈、自在正与自己内心之活泼、充盈、灵动但又淡然一般无二，此正人得天地大美的意味展现。

濂溪要二程追寻的"孔颜乐处"之事，也就是阳明所说的"孔、颜之真趣"，子曰："饭蔬食饮水，曲肱而枕之，乐亦在其中矣。不义而富且贵，于我如浮云。"（《论语·述而》）"一箪食，一瓢饮，在陋巷，人不堪其忧，回也不改其乐。"（《论语·雍也》）孔颜之乐即是一种简朴而快乐、内心充实而外在却飘逸光辉的生活之写照，此就成为儒学的千古命题，也就是宋儒开始讨论的"洒落"。宋黄庭坚在《豫章集·濂溪诗序》中谓"舂陵周茂叔，人品甚高，胸怀洒落，如光风霁月"，光风霁月正是人的自然化、自然的内在人化和人的诗化。朱子弟子陈淳曾向朱子描述向往"夫子与点之意，颜子乐底意，漆雕开信底意，中庸鸢飞鱼跃底意，周子洒落及程子活泼泼底意"（《朱子语类》卷一百一十七），未曾得到朱子的认可，但是这些的确是儒家前贤的风神藉蕴，这些个人的身心境界里面都渗透着生机的活泼与身心的快乐，洒落之中蕴含着生命的无限的乐意。阳明曾谓："予有归隐之图，方将与三子就云霞，依泉石，追濂、洛之遗风，求孔、颜之真趣；洒然而乐，超

〔1〕程颢：《偶成》，《二程集》，北京：中华书局，1981年，第476页。
〔2〕周敦颐：《遗事》，《周敦颐集》，北京：中华书局，1990年，第81页。
〔3〕同上书，第82页。

然而游,忽焉而忘吾之老也。"〔1〕阳明欲与弟子就云霞、依泉石,求生命的真生机、真乐趣,正是欲求索大自然的大美,因而对于求道者来说,与大自然的交融是生命的归宿,大自然不外于人,人自外于大自然。人只有进入自然深处、绿色深处,也同时便能体味生命的真机、天地的真美、人性的和乐,这正是将生活艺术化、美化、诗意化的一种过程。净慧法师尝言"禅者的生活真是一种艺术。百丈禅师写过一首诗,讲出家人的生活。他说:'幸为福田衣下僧,乾坤赢得一闲人。有缘即住无缘去,一任清风送白云。'在乾坤天地之间,禅者是真正清闲自在的人,可见这种生活的艺术性很高。阵阵清风,缕缕白云,就像禅者的生活一样,潇洒自在! 我们一般人说潇洒,实际上是硬着头皮说的。哪里有真正的潇洒?"〔2〕

目送清风、手挥白云,这是一种怎样的生活的状态? 又是一种何等的生命气象? 这二者实际上是交织在一起的。我们如何看待世界、看待自然、如何认识接触自然与我们的心境、心态密不可分、与我们的修养密不可分,我们现代人的栖居与行走必须要学习、体味古佛、大儒和时下禅者的开示与风范,寻求过一种诗意的、艺术的生活,让一种无言的诗歌即大自然的诗意洋溢在我们的内心深处,我们再栖居、出行、行走、旅游就会心境不同、观感不同,也就真正得一种自在、安详、快乐的旅游、环保的旅游、充满诗意和乐趣的旅游,我们的栖居和行走将是诗意的,我们的语言也将是诗意盎然的。以绿色的心灵造就绿色的世界和家园,进而获得天地大美的享受,成就我们美好的栖居和行走,成就山川秀美、人杰地灵的世界。

〔1〕王守仁:《别三子序丁卯》,《王阳明全集》,第226—227页。
〔2〕净慧法师:《生活禅钥》,北京:生活·读书·新知三联书店,2008年,第11页。

八、士的精神的觉醒（代结语）
——禅宗特质与中国人文世界

禅宗是佛教在中国的一个宗派，同时它也是佛教东传以来一直绵延到今天的最重要的一脉，同时也被认为是真正中国化了的佛教或者说是中国佛教的最主要的代表，是佛教本土化的典型。在佛教传入中国之前，对中国知识分子和整个人文世界影响最大的在先秦时期是诸子，到汉代是儒学以及黄老学的影响，汉末以后则是道家思想的复兴，这个时候同时也正是佛教东渐的时期，道教则在民间开始兴盛。因之，在隋唐尤其是唐代，佛教和道教在官方成了主要的竞争对手，而在士大夫和平民知识分子中间，佛教的影响日隆，禅宗也开始兴起。整个唐代是士大夫趣佛的重要时期，而整个唐宋期间，则是禅宗在中国文化中的弥漫、扩散以及和本土的儒学和其他学说的大融合，更有所谓"儒门淡泊，收拾不住"、士大夫归佛或"儒家治世，佛家治心"等说法，它对古代中国的人文世界产生了极其深刻和久远的影响，可以说禅宗取代了先秦时期产生的儒家之外的其他学说的影响。如果说曾经有一个"儒道互补"的话，唐宋以后则是禅儒交融，禅家思想渗透到中国人文世界的所有领域。本文将就禅宗从观念层面对知识分子精神世界之影响做一简要阐释。

　　在先秦思想中除儒家之外影响最大的则属道家,实际上在整个中国文化中尤其是人文世界中,只有两类人物:一是儒家或与儒家相类的入世者,一是若道家或与道家达成共鸣的隐士,他们相当于儒家中所说的狂者与狷者中的极端者。孔子所追求的是行"中道",但是中道并不易得,所以希望得到思想和行为落拓不羁的人士亦可,即"不得中行而与之,必也狂狷乎?狂者进取,狷者有所不为。"(《论语·子路》)"狂者,志极高而行不掩。狷者,知未及而守有余。"(朱熹:《论语集注》)但是极端的狂士和洁身自守者恰恰又成为了隐士。《论语》中有这样一段记述:"楚狂接舆歌而过孔子曰:'凤兮凤兮!何德之衰?往者不可谏,来者犹可追。已而,已而!今之从政者殆而。'孔子下,欲与之言。趋而辟之,不得与之言。"(《论语·微子》)所以才有李白的"我本楚狂人,凤歌笑孔丘"之说,这些隐逸之士在中国人文思想中一直是一个备受推崇的人群:一是思想的超迈不落世俗窠臼,一是人格高尚,不受世俗熏染,他们在道德标准上完全甚至超出了儒家的人格要求,因此推举这些人入世曾经是历史上的层出不穷的帝王或官宦的目标,或为治国安邦或为自己树立礼贤下士的标牌等等不一而足,但是这些人则大多不以出世为念,正是这种高蹈、超迈的思想深深地打在了中国士大夫人格境界的追求之中,成为探索精神世界之根本自由的根据:

　　　"尧让天下于许由,曰:"日月出矣,而爝火不息,其于光也,不亦难乎!时雨降矣,而犹浸灌,其于泽也,不亦劳乎!夫子立而天下治,而我犹尸之,吾自视缺然。请致天下。"许由曰:"子治天下,天下既已治也,而我犹代子,吾将为名乎?名者,实之宾也,吾将为宾乎?鹪鹩巢于深林,不过一枝;偃鼠饮河,不过满腹。归休乎君,予无所用天下为!庖人虽不治庖,尸祝不越樽俎

而代之矣。"(《庄子·逍遥游》)

　　许由不仕给出的理由是一个人在世所要得到的是"名"还是"实"？是"主"还是"宾"，也就是什么才是一个真实的自我？自作主宰的自我？用哈姆雷特的话说：这是一个问题。儒家也有同样的目标即南宋陆象山所说的"收拾精神，自作主宰"，但是儒家的主宰是仁义：士"志于道，据于德，依于仁，游于艺"(《论语·里仁》)，"士不可不弘毅，任重而道远。仁以为己任，不亦重乎？死而后已，不亦远乎？"(《论语·泰伯》)儒家将自己的生命就托付给了国家社会，但是这种托付本身并不总能带来士大夫个体生命的安宁与幸福，有时是痛苦，而且这种痛苦带有强烈的悲剧色彩，譬如屈原。在某种意义上，士大夫心灵的安顿仅仅依托于国家尤其是帝王往往是虚幻泡影，因此生命的寄托与心灵的安宁成为士人的人生之殇，这种伤痛就是心灵的不得安宁。

　　人的生命的行动从其根本点上来说就是以心安为出发点和归宿，心安则为之，不安则不为，但是那个究竟的"心安"，也就是生命的不以外部世界的存在为自己心安的条件的彻底的心安正是人们究其毕生所追寻但不可得的目标，是寻找精神故乡的强烈的冲动，用西方哲学家的话就是寻找家园。白居易《初出城留别》："朝从紫禁归，暮出青门去。勿言城东陌，便是江南路。扬鞭簇车马，挥手辞亲故。我生本无乡，心安是归处。"德国哲学家诺瓦利斯说：哲学原本就是怀着乡愁的冲动到处去寻找家园。这句话用现在宗教哲学家蒂利希话就是人的"终极关切"或"终极关怀"，终极关切就是生命的究竟的关切，其他的都是初级关切。唐李觏《乡思》："人言落日是天涯，望极天涯不见家。已恨碧山相阻隔，碧山还被暮云遮。"这不仅仅是一种日常的乡愁，而且还是包含了强烈的精神上的落寞、虚无与向往在里面。《古诗十九首》篇首："生年不满百,常怀千岁忧,昼短苦夜长,何不秉烛游?"虽然作者似乎是要及时行乐,但是诗人心灵中的困惑与寻求家园的内在忧思却是深透纸背:心为身体束缚或为外部条件约束都是人类所需要忍受的但是又努力寻求解脱的,外部物质对人的欲望的满足只能填充一时的空白,却不能获得永远的安宁与自由,因此心灵的自由不是一个经济的或政治的命题而是哲学的命题、宗教的命题。

身心故乡的命题始终萦绕在中国士大夫的生命情怀之中。王安石《泊船瓜州》："京口瓜州一水间,钟山只隔数重山,春风又绿江南岸,明月何时照我还。"这是故乡的期盼,但是同时也是心灵归宿的祈求;更多人则是对生命的长路漫漫,不见归程的忧思。李白《菩萨蛮》唱道："平林漠漠烟如织,寒山一带伤心碧。暝色入高楼,有人楼上愁,玉阶空伫立,宿鸟归飞急,何处是归程,长亭更短亭。"柳中庸《征人怨》："岁岁金河复玉关,朝朝马策与刀环。三春白雪归青冢,万里黄河绕黑山。"虽然是写的现世困境,但却是显示着一种生命的关怀,对生命陷入无休止的劳役之中的困惑与迷惘。陶渊明"田园将芜乎?胡不归?""既自以心为形役,奚惆怅而独悲。"对生命状态及其最终归宿的省思是士大夫一种宿命,因为他们或不为衣食稻粱所困,但是却常常为家国离愁所扰,同时如上述也常常为生命的意义以及精神家园的追寻所迫,这种困惑恰恰就是禅宗慧能以后各种机锋、棒喝所要求的"疑情",即是对生命的存在本身起一个大的疑问,大疑大悟、小疑小悟、不疑不悟,即如当代美国作家比尔·波特所说人生就是一个公案："在中国,隐士往往都是社会精英,中国的隐士就像研究生,攻读的是精神觉醒的博士。很多人在寺院、道场获得了精神觉醒的学士学位,但并非人人都有能力去攻读博士学位。"[1]魏晋名士的佯狂

〔1〕比尔·波特:《整个生命就是一个公案》,《南方人物周刊》2010年第42期。

则是这种生命存在由被动向主动转化的一种表达方式,但是在这些人当中更多人还是仅仅因为对现实社会的愤懑和无所用其志而无奈、消极、愤怒乃至疏离,但是解脱之道并没有获致,这个时候佛教东渐的本土化成果禅宗应运而生了。

禅宗是中国化的佛教,它当然不脱佛教的根本宗旨即生死解脱之道的追求,但是它的理念和方法却与原始佛教尤其是小乘佛教发生了重大变化,同时在方法和认识路径上也是大乘佛教的一个巨大转折:从继承方面来看,戒定慧三学仍然是基本的方法和路径,但是从侧重点上转向了定与慧尤其是慧的凸显。从方法和目标上则是禅宗自己的特色:直指人心与见性成佛,后者是智慧的获得,智慧的获得本身也是佛教的根本目标,但是直指人心和由此形成的顿悟法门却是禅宗的独有。这种强调删除繁文缛节、突出智慧生成、顿见个人本来面目的修道路径与中国文化形成了强烈的共鸣,或者说它本身就是在中国文化的浸润之下形成的,因此这就成为唐宋以后士大夫阶层趋之若鹜的根本契机。这其中最重要的三个特色就是安心法门、解黏去缚的自由观和觉悟不离世间的生活道场成为它向知识分子和人文世界扩散的根据。我们看一下几个禅宗最初的公案:

> （慧）可曰:"我心未宁,乞师与安。"（达摩）祖曰:"将心来,与汝安。"可良久曰:"觅心了不可得。"祖曰:"我与汝安心竟。"[1]
> （僧璨）年逾四十,来见慧可,问道:"弟子身缠风恙,请和尚忏罪!"慧可答言:"将罪来,与当忏。"居士过了好一会儿,说:"觅罪不可得。"慧可说:"与汝忏罪竟,宜依佛法僧住。"居士又问:"今见和尚,已知是僧,未审何名佛法?"慧可答言:"是心是

---

〔1〕（宋）普济:《五灯会元》(上),北京:中华书局,第44页。

佛，是心是法，法佛无二，僧宝亦然。"居士闻言深有所悟，说道："今日始知罪性不在内，不在外，不在中间，如其心然，佛法无二也。"[1]

隋开皇十二年壬子岁，有沙弥道信，年始十四，来礼祖（三祖僧璨）曰："愿和尚慈悲，乞与解脱法门。"祖曰："谁缚汝？"曰："无人缚。"祖曰："何更求解脱乎？"信于言下大悟。[2]

禅宗直指人心的法门在这几个公案中已经豁然朗现：慧可之于达摩是求得安心，其心未安；慧可指示僧璨则是告诉他"是心是佛，是心是法，法佛无二，僧宝亦然"。回归自己的本心、心灵的解放就是佛、就是法、就是僧；而僧璨则告诉道信向外求解脱是错找了门径："谁缚汝？"曰："无人缚。"祖曰："何更求解脱乎？"信于言下大悟。直下心源，透见本体才知道心灵的主宰不在外面，生命的主体不是旁人。六祖慧能又曾明白开示：

"善知识，不悟即佛是众生，一念悟时，众生是佛。故知万法尽在自心。何不从自心中，顿见真如本性？"

"若自悟者，不假外求。若一向执谓须他善知识望得解脱者，无有是处。何以故？自心内有知识自悟。若起邪迷，妄念颠倒，外善知识虽有教授，救不可得。若起真正般若观照，一刹那间，妄念俱灭。若识自性，一悟即至佛地。"

"善知识，智慧观照，内外明彻，识自本心。若识本心，即本解脱。若得解脱，即是般若三昧。般若三昧，即是无念。何名无念？知见一切法，心不染著，是为无念。用即遍一切处，亦不著

---

〔1〕（宋）普济：《五灯会元》（上），北京：中华书局，第47页。

〔2〕同上书，第48—49页。

一切处,但净本心,使六识出六门,于六尘中无染无杂,来去自由,通用无滞,即是般若三昧,自在解脱,名无念行。若百物不思,当令念绝,即是法缚,即是边见。"(《六祖坛经》般若品第二)

禅宗这种直指人心、觉悟本心的方式慧能曾经对神秀的弟子志诚指出过,"汝师戒定慧接大乘人,吾戒定慧接最上乘人。"(《六祖坛经》顿渐品第八)这种所谓的最上乘人其实从后来的禅宗修习方式看就是发起大疑情的人,实际上就是真正对人生、生命和人的精神世界有强烈的反省意识的人,这种人在古代中国便大多存在于士人之中。这种面向人心的方式之所以出现恰在于人生方面的困扰,而且根本上是心灵的困扰,这些方法实施的所在是人心的自我纠结:我心未宁。心灵的不安定是人类最大的病痛,世间一切存在都是为了填充这个不安而来,从欲望的满足到精神世界追求的滋养都是心安的方式,儒学中也有同样的思考方式:子曰:"食夫稻,衣夫锦,于女安乎?"曰:"安。""女安,则为之!夫君子之居丧,食旨不甘,闻乐不乐,居处不安,故不为也。今女安,则为之!"宰我出。子曰:"予之不仁也!"(《论语·阳货》)

对于没有立定出世志向的人来说,他们的精神觉醒就是不离世间的学禅,尤其是从慧能倡言:"佛法在世间,不离世间觉,离世觅菩提,恰如求兔角。正见名出世,邪见名世间,邪正尽打却,菩提性宛然。此颂是顿教,亦名大法船,迷闻经累劫,悟则刹那间。"(《六祖坛经》般若品第二)所以居士学佛更是蔚然成风,而在知识分子的精神追寻和禅宗出世精神之间也达成了有效的联结和契合,很多士大夫"学有所成":唐代的刘禹锡、柳宗元、韩愈、白居易,宋代的苏东坡、黄庭坚等等,更不要说成了大居士的庞蕴、裴休等人,他们在禅宗的出世精神和自己探索精神家园的过程中找到了平衡。白居易《重题》

"日高睡足犹慵起，小阁重衾不怕寒。遗爱寺钟欹枕听，香炉峰雪拨帘看。匡庐便是逃生地，司马仍为送老官。心泰身宁是归处，故乡可独在长安。"都在在体现了心灵安顿的要求及其初步实现的安宁。苏东坡也写了很多开悟诗，虽然聚讼纷纭，但是在当时甚至今天还为很多佛门人士激赏、赞叹。"若言琴上有琴声，放在匣中何不鸣？若言声在指头上，何不于君指上听。"这是一首深具哲思和禅理的疑问诗，诗人显然受到了禅师的影响，对现象世界的本体发生了深深的怀疑和探究的渴望，这种怀疑或疑问本身就正是从禅宗来说修行的进路。他的《观潮》"庐山烟雨浙江潮，未到千般恨不消。及至到来无一事，庐山烟雨浙江潮"颇似青原行思的看山是山、不是山、还是山的"三段论"，即山前一片闲田地，几度卖出还自买。生命中固有的本性到处寻找，最终还是发现在自家身心之内不在其外。他的另一首诗《宿东林寺》"溪声尽是广长舌，山色无非清净身，夜来八万四千偈，他日如何举似人。"在当时就为禅师称道，迄今犹为学禅者颂扬实为难得，当然这是苏东坡居士的到家之论还是口头禅，还有待进一步证实，无论如何，诸如白居易、苏东坡等人这种通过生命的反省和禅法的修行对自身人生的开发起到了对于文人学士来说的精神探索和慰藉的功能，而且不仅如此，由于他们的个人影响和魅力，对同时代以及其后的学者文人士大夫乃至贩夫走卒都产生了深远的影响，譬如"苏门四学士"等等，当然这其中最最深刻和值得我们今天继续关注的是它成就了知识分子精神探求的一种路向。

佛教尤其是禅宗的影响不仅仅局限于文人圈层，后来的道学家如周敦颐、王阳明都成了其中的中坚分子。周茂叔所谓"绿满窗前草不出，活泼泼的，与自家意思一般"充分展现了他的被称为是"光风霁月"的人格特征，他本身则圆融了儒释道三教的学问；阳明多年出入佛老，晚年"四句教法"："无善无恶心之体，有善有恶意之动，知善知恶是良知,行善去恶是格物"既是他自身生命修养所得的凝结,同时也是他多年修习道教、佛家的成果,他晚年教人读《六祖坛经》:不思善恶,寻找本来面目,虽然遭到同侪乃至好友的抨击,但是至临终却更加坚定、执著,所谓"此心光明,夫复何言?"阳明对于向生命内心深处穷探力索以及对于生命状态之洒落的肯定不仅仅是他个人修养的结晶,同时也是对于儒家所谓的"外道"即佛老对人类精神世界探索的肯定。他曾为诗《有僧坐岩中已三年诗以励吾党》:"莫怪岩僧木石居,吾侪真切几人如?经营日夜身心外,剽窃糠粃齿颊余。俗学未堪欺老纳,昔贤取善及陶渔。年来奔走成何事,此日斯人亦起予。"[1]他曾感慨说:"人生动多牵滞,反不若他流外道之脱然也,奈何奈何!"[2]阳明这里所说的"他流外道"即是佛老,申明人生的潇洒自在、自由解脱不在世间的蝇营狗苟当中。阳明曾谓:"予有归隐之图,方将与三子就云霞,依泉石,追濂、洛之遗风,求孔、颜之真趣;洒然而乐,超然而游,忽焉而忘吾之老也。"[3]"莫谓天机非嗜欲,须知万物是吾身。无端礼乐纷纷议,谁与青天扫俗尘?"[4]对世俗礼乐纷扰即当时的"大礼仪"之争颇为不耐;因其融会儒释道所得又有超脱飘然之慨:"吾将以斯道为网,良知为纲,太和为饵,天地为舫。系之无意,散之无方。是谓得无所得,而忘无可忘者矣。"[5]阳明晚年思想正如他自己论述的儒释道三间房的说法,已将三者融为一炉以为自己生命的修养和获得真正的自由境界所用,这种自由是即世的自由是个人精神世界探索的和谐状态,入世而不溺世。

---

〔1〕王守仁:《王阳明全集》(上),吴光等编校,上海:上海古籍出版社,1992年,第776页。

〔2〕王守仁:《与黄宗贤(戊寅)》,《全集》(上),第153页。

〔3〕王守仁:《别三子序丁卯》,《全集》(上),第226—227页。

〔4〕王守仁:《碧霞池夜坐》,《全集》(上),第786页。

〔5〕同上书,《心渔歌为钱翁希明别号题》,第787页。

禅宗尤其是慧能的"自由"即"来去自由，通用无滞，即是般若三昧，自在解脱"如同其前辈的"解黏去缚"如一，这种通过认识自己本来本来面目而获得自由的方式直捷敏利但是正如同慧能自己所说，是接引最上乘之人，殊不易得，虽然他强调不离世间修行觉悟，但是一旦证悟即超脱世俗即证得无善无恶的境界，有日本学者将其称作是"立场自由"："令立场自由——'若无闲事挂心头，即是人间好时节'（《无门关》，第十九则），从信教中来的自由——'空手回乡，故无一毫佛法'（《永平元禅师语录》卷一）——从根本上成为可能的，是空却是非善恶二元的无相的自己。这里包含着出离道德的自由。不思善不思恶，正与么时（正是这个时候）那个是明上座（六祖慧能的弟子）本来面目（真实的自己）。（《六祖坛经》行由第一）佛性非善非不善，是名不二。"[1]这位学者的看法是有道理的，但是后面他否定了这种自由与道德的关联，其实并不适当。超道德的价值其实是从道德价值的建立而来并且包含着道德价值，道德价值的建立过程正是多数个体尤其是知识分子精神探索的起点，当然也包括对这种道德价值的设问与怀疑，他们是在寻找精神故乡的过程中发现的自己的本来，他们不必出世，但是他们通过对宗教价值的体认获得了在世的从容、力量和洒脱，这是最重要的，无论他们是否最终走向了禅宗；反过来禅宗也就在他们和整个中国人文世界中打下了深深的烙印。

---

[1]（日）市川白弦：《禅的自由》，杨金萍译，《世界哲学》，2004年第2期。

附录一：士大夫与禅

乐天而后居易
——白居易诗歌中的修行世界

一般人将哲学理解得很神秘或者很神圣，但是往往将哲学当做了知识或学问，其实最深的哲学在宗教里面，而最最深邃的哲学思考与实践应该在禅宗里面。中国现代的哲学家冯友兰先生讲了两段话说得很透彻，他说：每一种宗教的核心都是一种哲学，宗教就是哲学加上其他的各种仪式仪轨等等。那么，哲学是什么呢？他说，哲学是思想世界、思想人生、思想思想，前面那个思想就是反思的意思：哲学是对人生、世界和人自己的思想做整个反思，它是这样的一个特殊的"学问"。这种"反思"不能仅仅靠学与问，还得修行、实践才能达到。既然是对世界和人生做整个的反思，就得如苏东坡所言，既在庐山里面又得跳出庐山，但是，人是不能跳出人生或站在月球上看人生或者世界的，也就是说，对人生的反思你得生活在人生和生活中，又得超出人生、高出人生，这好像做不到！怎么你既在生活里面又不在生活里面，既要每天生活又要每天对生活反省，甚至于最终得出来一些与众不同的乃至于相反的结论。这样的想法和实践当然是非常小众、反常规常理、不容易得到理解的。因此，这也只有哲学家们敢去做、能够做，而这样做的最彻底的是修行佛禅的出家人，其次是那些在家修行的居士。因此,这些人是真正的哲学家,也可以说他们是真正的诗人,他们是在云游修行中的"行吟诗人",当然他们也的确经常做各种诗偈。因此,佛家尤其是禅宗吸引了很多古代中国的文人士大夫,当然这不是因为他们是诗人而是因为他们是思想者,是经常思想人生和世界的人,他们是不写哲学著作而作哲学思考和实践的哲学家,唐代的大诗人白居易是其中比较突出的一位。白居易不仅思考而且实践,他在思想和求证的过程中转益多师,得到很多法师的教导,后被作为佛光如满的法嗣录于各种传灯录中。

在宋代人尤袤《全唐诗话》中,记载了白居易的一段轶事:白居易十六岁时从南方来到长安,拜见当时的名人顾况。顾况看到他的名字就戏谑:"长安米贵,居大不易"。等到翻阅白居易带来的诗作《赋得古原草送别》开始惊叹,尤其是其中两句"野火烧不尽,春风吹又生"更令其折服,谓:"有才如此,居亦何难!"不管这件事事实如何,在白居易一生当中,身体的安居其实不是一件大事,他时时为之经营的是他自己的心灵的安顿或安居,所以顾况是白居易诗文的知音,但不是他生命的知音。白居易通过修习禅法等方式为自己身心尤其是心灵的安顿和安宁穷尽了毕生的求索,这些努力和经营都记载他的诗歌创作中,他的努力方向就是"安心"。

"安心"是禅宗早期的传宗法门,其实也是禅宗乃至整个佛法的精髓。心为形役或心为物役,心灵不能摆脱外部世界对它的诱惑而时时动荡,这就是它的病灶。安顿时时驿动不安的心灵始终是人的一个大困惑,这个问题在今天不仅没有减弱甚至更加成为了一个日趋严重的问题。我们常说安居才能乐业,其实真正的安居即心灵的安居才最难能。这是一个哲学问题也是一个生命问题,人人都会在日常中遇到,而唯有大哲人才会将它时时提撕并透过它寻找自己的本来面目。

修习情感的安顿

　　白居易作为诗人多情深情,心多牵制,尤其是人情友情亲情的扰动,禅定坐忘就是他回复心灵宁和的唯一途径。他曾有一首诗写的是海浪与沙滩,但是描述人们整天奔逸放荡的心境却是合适:"一泊沙来一泊去,一重浪灭一重生。相搅相淘无歇日,会教东海一时平。"(《乐府·浪淘沙》)如何能够教东海一时平息? 白居易时时在坐禅中寻求这种搅扰的平复:学做头陀禅法,打坐修习,静默观心,以求得身心的安定。他在《五古·夜雨》中写道:"我有所念人,隔在远远乡。我有所感事,结在深深肠。乡远去不得,无日不瞻望。肠深解不得,无夕不思量。况此残灯夜,独宿在空堂。秋天殊未晓,风雨正苍苍。不学头陀法,前心安可忘?"一个人在风雨飘摇的秋夜,愁肠百结思乡思友,此心何以安定? 只有修习禅定,前心牵心才能有所系缚。

　　修习禅定不仅能够安定心神,还能得到愉悦。"日晦云气黄,东北风切切。时从村南还,新与兄弟别。离襟泪犹湿,回马嘶未歇。欲归一室坐,天阴多无月。夜长火消尽,岁暮雨凝结。寂寞满炉灰,飘零上阶雪。对雪画寒灰,残灯明复灭。灰死如我心,雪白如我发。所遇皆如此,顷刻堪愁绝。回念入坐忘,转忧作禅悦。平生洗心法,正为今宵设。"(《五古·送兄弟回雪夜》)禅定不仅顷刻将离愁别绪伤感惆怅脱去,还转忧而得禅悦。但是,人的感情不是能够完全脱离的,而是如何能够使其马上恢复自然宁静,不执著、不著相才是通达之路,但是这也是一个过程。"以道治心气,终岁得晏然。何乃戚戚意,忽来风雨天? 既非慕荣显,又不恤饥寒。胡为悄不乐,抱膝残灯前? 形影暗相问,心默对以言。骨肉能几人? 各在天一端。吾兄寄宿州,吾弟客东川。南北五千里,吾身在中间。欲去病未能,欲住心不安。有如波上舟,此缚而彼牵。自我向道来,于今六七年。炼成不二性,销尽千万缘。唯有恩爱火，往往犹熬煎。岂是药无效，病多难尽蠲。"
（《五古·夜雨有念》）学道已久，万缘尽蜕，但亲情或恩爱仍然炽热，
风雨交加之夜更容易使人心绪动荡不已，出现这里系缚那里又有所
困扰的情势，这种人之常情不能尽去唯有定心修养使之平和。

排遣名利的缠绕

人的情感牵制不光是亲情感情的影响，还有世俗间的名声利禄、
寿夭穷通等等的现实问题，对这些问题的解决也是修习者们的必经
之路。中国士人有一个优点，就是自春秋以下，受孔子教养常怀以天
下为己任的襟怀，这是一种如曾子那样的或者屈原类型的，这些人都
能以一种大的家国的胸襟超脱个人功名利禄的缠绕；还有一种人物，
他们在骨子里不是以一种更大的目标或胸怀超脱世俗而是一开始就
淡薄于世俗的各种目标向往，而且能够找到自己的所乐，这就是孔子
最所称道的弟子颜回一类。白居易在《因沐感发，寄郎上人上二首》
中写道："原生衣百结，颜子食一箪。欢然乐其志，有以忘饥寒。今
我何人哉，德不及先贤。衣食幸相属，胡为不自安。"原宪衣服破烂、
颜回食物粗砺，但是他们能够欢然于自己的追求并忘掉饥饿寒冷，因
为他们有一颗"大心脏"。当然这不是他们真的有一颗大的心脏而是
有一个通达天地万物一体的胸怀："人生大块间，如鸿毛在风。或飘
青云上，或落泥涂中。衮服相天下，傥来非我通。布衣委草莽，偶去
非吾穷。外物不可必，中怀须自空。无令怏怏气，留滞在心胸。"（《闻
庚七左降因咏所怀》）人生天地之间，如鸿毛飞絮，有的时候可能扶摇
直上，有的时候也可能坠落尘埃。青云直上、位压朝野不一定是我命
运通畅；一身布衣、混同于普通百姓之间也不一定是我穷途末路。外
物不需要过度的执着，心中却需要真正的达成虚空自在。不要使那
些不痛快的事情和心理滞留下来徘徊不去而至病态。那人生的积极

态度应该如何呢？他说道："脱置腰下组，摆落心中尘。行歌望山去，意似归乡人。朝蹋玉峰下，暮寻蓝水滨。拟求幽僻地，安置疏慵身。本性便山寺，应须旁悟真。"（《游蓝田山卜居》）"早年以身代，直赴逍遥篇。近岁将心地，回向南宗禅。外顺世间法，内脱区中缘。进不厌朝市，退不恋人寰。自吾得此心，投足无不安。体非道引适，意无江湖闲。有兴或饮酒，无事多掩关。寂静夜深坐，安稳日高眠。秋不苦长夜，春不惜流年。委形老小外，忘怀生死间。"（《赠杓直》）

人生居之不容易，能够随遇而安方为大道。白居易的做法就是随时随地摆落心中的尘土，放歌山崖，意念还乡。早年曾经学习庄子，后来又亲近禅宗。进退不做过分的思量算计，举手投足就没有觉得不舒适、不自在了。尤其是进入深夜或日照高房，独自长坐，忘却天地外物和生死眷恋，怡然自得、心旷神怡："杲杲冬日出，照我屋南隅。负暄闭目坐，和气生肌肤。初似饮醇醪，又如蛰者苏。外融百骸畅，中适一念无。旷然忘所在，心与虚空俱。"（《负冬日》）一派洒然气象令人神往。

心安之处得安心

人们在世俗尘劳之中终日奔波没有了期，心的放逸驰骋也没有终点，终须寻一个归处，如陶渊明说："归去来兮，田园将芜胡不归？既自以心为形役，奚惆怅而独悲？悟已往之不谏，知来者之可追。实迷途其未远，觉今是而昨非。""云无心以出岫，鸟倦飞而知还。"（《归去来兮辞》）白居易在参访之中得到诸师指点，在自己的行禅坐忘之间寻到一个真正的出处、心灵的归处："朝从紫禁归，暮出青门去。勿言城东陌，便是江南路。扬鞭簇车马，挥手辞亲故。我生本无乡，心安是归处。"（《初出城留别》）"日高睡足犹慵起，小阁重衾不怕寒。遗爱寺钟欹枕听，香炉峰雪拨帘看。匡庐便是逃生地，司马仍为送老官。心泰身宁是归处，故乡可独在长安。"(《重题》)"深闭竹间扉，静扫松下地。独啸晚风前，何人知此意。看山尽日坐，枕帙移时睡。谁能从我游，使君心无事。"(《闲居》)

人生何处是故乡？这是一个地地道道的大哲学、大疑问。白居易终于在自己百回千转之中得到答案。人生本来没有故乡、没有归处。哪里是故乡？哪里是归处？心安处即是。你曾经依恋的故乡、你曾经眷恋的都市都是人生的过客，只有心灵的安定是时时的故土、永恒的故土。白居易曾经向鸟窠道林禅师请教："特入空门问苦空，敢将禅事叩禅翁。为当梦是浮生事，为复浮生是梦中。"道林答曰："来时无迹去无踪，去与来时事一同。何须更问浮生事，祇此浮生是梦中。"是庄生化成了蝴蝶还是蝴蝶化成了庄生？其实已经不要紧，抛却浮云，回归一种真实和实在，浮生是梦，心安是真。心中无事是真正的无事，心中安定是永久的安定，这是白居易告诉我们的。我们居之不易吗？乐天然后居易。

一身诗意　一生禅趣

——苏东坡的参禅悟境

　　苏东坡是中国亘古亘今的著名诗人之一,名轼字子瞻,号东坡。苏轼的名声在中国古代文学家或文人中以其全能而又均臻巅峰而著称,诗词上开创豪放派有"苏辛"并称,诗词上为"苏黄"齐驾,书画为"苏、黄、米、蔡"之首,散文为唐宋八大家之一,因其父子兄弟独居八家之三又与魏晋"三曹"父子齐名乃至过之,因其"但愿人长久,千里共婵娟"以及赤壁之赋等等,从其之后的中国人无论身在何方只要赏月、思乡必然想到苏东坡与李白,因此,可以说苏东坡是中国文化除大哲学家、大思想家如孔孟老庄之外的最杰出的代表与典范,于后世中国人影响至深。近人王国维曾说"三代以下之诗人,无过于屈子、渊明、子美、子瞻者。此四子者苟无文学之天才,其人格亦自足千古。故无高尚伟大之人格,而有高尚伟大之文学者,殆未之有也。"

　　苏东坡人格高岸,诗词峻美,但是其人生道路绝非坦易,一生历经波折譬如"乌台诗案"等等曲折,迭遭贬黜,几度边陲生涯,如其曾自嘲谓"心似已灰之木,身如不系之舟。问汝平生功业,黄州惠州儋州。"几处他乡皆是他飘零困顿之所,但是东坡无论世事风雨还是自然风云,独能《定风波》"三月七日沙湖道中遇雨。雨具先去,同行皆狼狈，余独不觉。已而遂晴，故作此。莫听穿林打叶声，何妨吟啸且徐行。竹杖芒鞋轻胜马，谁怕？一蓑烟雨任平生。料峭春风吹酒醒，微冷，山头斜照却相迎。回首向来萧瑟处，归去，也无风雨也无晴。"自始至终心地坦然、豁达、乐观，其如此人生修为常为世人艳羡。其实苏东坡性情绝非仅仅天性使然，这与其终生修养尤其是近佛密切相关，"东坡居士"其实是一个不亚于其诗人称号的别谓，而且他的修养是登堂入室，以禅宗法嗣入传灯录告结，在诗人中不是唯一，但是在中国顶级诗人、士大夫中几乎是无出其右了，他和一些著名僧人的交往更是传为历史与文坛佳话。

东坡居士的参禅修道很有特色、很持久，应该说这也是大诗人生命中历经磨难而不堕其志的精神动力之一，他是集儒释道性命、人格修养于一体的典型代表，儒家治世情怀怀之，道家养生方策用之，最后佛家治心得道成之，无论是小成还是大成，作为士大夫参禅已经是有口皆碑了。"苏子由病酒，肺疾发，东坡告之以修养之道，有曰：'寸田可治生，谁劝耕黄糯。探怀得真药，不待君臣佐。初如雪花积，渐作樱珠大。隔墙闻三燕，隐隐如转磨。'此炼气法也。后至海上，有道人传以神守气之诀云：'但向起时作，还从作处收。'故《天庆观乳泉赋》及《养生论龙虎铅汞论》皆析理入微，则知东坡於养生之道深矣。"（宋葛立方《韵语阳秋》卷十二）此处足见，苏轼养生之法从道家吸收甚多，而且有相当的功夫尤其是意守丹田的养气功夫非同一般，很多儒家士大夫都是有类似的修养进路，其实纵观来看，传统士大夫包括儒释道三界人士的修养均可找到他们的共同之处。苏东坡另有一诗文是与宋代著名文人士大夫韩持国的，其中有云："韩氏三虎秉枢极，中有一虎似伟节。端居隐几学无心，凤驾入朝常正色。犯时独行太畏晶，回天不忌真药石。挈致归来荷二圣，推排使至有众力。吾侪小人但饱饭，不有君子何能国。西湖醉卧春水船，如何为人作丰年。"(苏轼《上韩持国》)这里不管讨论的是谁在真正"端居隐几学无心",但这也是东坡居士的夫子自道。

当然,从养生的身心并作、性命双修到明心见性还是一个复杂漫长的进程。东坡于养生之深处更是参禅不辍,开悟偈子不断,而且其内容之深邃颇值得我们玩味。我们先来看两则为人所熟知的苏轼的哲思佳句:"横看成岭侧成峰,远近高低各不同。不识庐山真面目,只缘身在此山中。"(《题西林壁》)东坡哲思之深其实罕见,尤其在诗人中属于凤毛麟角,因为诗人多有沉思,但大多忧国伤时、感奋别怀,常对于现象界的林林总总感时忧愤、一咏三叹,对于超越现象的"本体"关切有人有之,但大多并不直接抒发这种哲理与哲思,譬如陶渊明,就是在诗中直接蕴蓄着天地遐思,这种更直接、更高迈。东坡当然也有类似的抒怀,但是也有像哲学家或修行者一样的疑问或哲学命题,譬如上述即是:人在世界之中,但是人又有对这个世界本身的"反思"!笛卡尔说"我思故我在",但其实这种确定性的说法还远不如东坡这种否定来得更深刻、洞彻。这个"世界"的面目我们能够认清吗?如果不能,其因何在?用西方哲学家的和禅宗对接的语言就是"存在者"对"存在"本身的大疑情,而这种疑问和否定标示着东坡意欲超越、跳出这种现象界的环绕、回到事物本身也就是我们的本性,欲洞见本来面目,首先没有这种怀疑与否定,我们就沉湎于这个现象世界之中而无法最终获得自由和超越。

声音乃六根六尘应接之一端,东坡也对此发出了疑问:"若言琴上有琴声,放在匣中何不鸣?若言声在指头上,何不于君指上听。"(《琴诗》)这都是究根探源的发问。这一点颇合六祖关于"风动、幡动?仁者心动"的说法,但是后来又有一尼姑曾经发问"风不动、幡不动,心怎会动?"这又是一重命题,这两个发问合起来才是东坡这一首诗的整体意蕴。唐人韦应物有类似诗曰:"凿岩泄奔湍,称古神禹迹。夜喧山门店，独宿不安席。水性自云静，石中本无声。如何两相激，雷转空山惊？贻之道门旧，了此物我情。"(韦应物《听嘉陵江水声寄深上人》)诗人在这里结语曰"贻之道门旧，了此物我情"，超越物我对待，才达致对这种疑问的最终答案。韦氏的另一首佳句是"独怜幽草涧边生，上有黄鹂深树鸣。春潮带雨晚来急，野渡无人舟自横。"(《滁州西涧》)这里用现代人譬如王国维的话说是拟此"无我之境"达致一种对现象界之束缚的解脱，至少是所谓解黏去缚的一种思维消息透露其间了。

东坡参禅有人说已经到家，有学人或禅僧又谓其不到家，不管到家与否，也确实透露一番信息，譬如下面这首："庐山烟雨浙江潮，未到千般恨不消。及至归来无一事，庐山烟雨浙江潮。"(《庐山烟雨》)这首诗确实是一首从开悟角度看也属上乘的佳作，虽然直白一些，与青原行思的看山看水的三重境界颇堪一较，换句话说，这至少说明了东坡参禅中解悟的功夫已臻高峰，最终的证悟何如则已无法勘验。但是从他其他的诗词来看，也是相当可观的，而且他是兄弟亲戚参禅、互相砥砺切磋蔚然成风。

子由诵《楞严经》，悟一解六亡之义，自言于此道更无疑。然其作《风痹诗》，乃有"数尽吾则行，未应堕冥漠"之句，则于理尚有碍也。而东坡乃谓子由闻道先我何邪？东坡《奉新别子由诗》云："何以解我忧，粗了一事大。"《哭遁儿诗》云："中年忝闻道，梦幻讲已详。"故《赠钱道人诗》云："首断故应无断者，冰销那复有冰知。主人苦苦令侬认，认主人翁竟是谁！"又云："有主还须更有宾，不知无镜自无尘。只从半夜安心后，失却当年觉痛人。"《赠东林总长老诗》云："溪声便是广长舌，山色岂非清净身。夜来四万八千偈，他日如何举似人。"如此等句，虽宿禅老衲，不能屈也。

柳展如,东坡甥也。不问道于东坡而问道于山谷,山谷作八诗赠之,其间有"寝兴与时俱,由我屈伸肘。饭羹自知味,如此是道否"之句,是告之以佛理也;其曰"咸池浴日月,深宅养灵根。胸中浩然气,一家同化元。"是告之以道教也;"圣学鲁东家,恭惟同出自。乘流去本远,遂有作书肆。"是告之以儒道也。((宋)葛立方《韵语阳秋》卷十二)

上述记载叙述了东坡兄弟参禅问道以及他的外甥向黄庭坚问学求道的过程,这里面的记叙已经足见苏轼昆仲以及苏门四学士以及他的家族都有问道的经历和获得的丰富的启迪与智慧。所谓《赠钱道人》即苏东坡《钱道人有诗云"直须认取主人翁"作两绝戏之》,显然,在东坡向钱道人问道之中,曾得到如是开示,东坡应题而作其解悟的诗词。"首断故应无断者,冰销那复有冰知。主人苦苦令侬认,认主人人竟是谁?有主还须更有宾,不知无镜自无尘。只从半夜安心后,失却当年觉痛人。"从开局就直指虚拟"本体",从后面几句又见苏东坡于临济和曹洞的家风均有所探究,即所谓"主宾之谓"与"君臣旨诀",其实即便苏东坡对此未作深究,这种欲返本探原、认取本来面目的疑问也是可以达此类境地的,即欲消除彼此对待和差别对立。但是最后一句倒是令人有些疑问:"只从半夜安心后,失却当年觉痛人。""觉痛不觉痛"应如鱼饮水冷暖自知,"失却不失却"似不足道,而应是"只向那边会了,却来此处行履"才是。因此,《赠东林总长老诗》更加出名,但是也同样引起了争论,当然是在肯定东坡居士高明一路上的"分辨"。东坡有传说在双林寺有三首诗,大约只有《赠东林总长老》为确,即:"溪声尽是广长舌,山色无非清净身。夜来八万四千偈,他日如何举似人?"这首诗大多被认为是苏轼参禅开悟的证据,但是又据记载:

临安府上竺圆智证悟法师，台州林氏子，依白莲仙法师，问具变之道。莲指行灯曰："如此灯者，离性绝非，本自空寂，理则具矣。六凡四圣，所见不同，变则在焉。"师不契，后因扫地诵法华经，至"知法常无性，佛种从缘起"，始谕旨。告莲，莲然之。师领徒以来，尝患本宗学者囿于名相，胶于笔录，至以天台之传为文字之学，南宗鄙之。乃谒护国此庵云禅师，夜语次，师举东坡宿东林偈，且曰："也不易到此田地。"庵曰："尚未见路径，何言到耶？"曰："祇如他道，溪声便是广长舌，山色岂非清净身，若不到此田地，如何有这个消息？"庵曰："是门外汉耳。"曰："和尚不吝，可为说破？"庵曰："却祇从这里猛著精彩觑捕看。若觑捕得他破，则亦知本命元辰落著处。"师通夕不寐，及晓钟鸣，去其秘畜，以前偈别曰："东坡居士太饶舌，声色关中欲透身。溪若是声山是色，无山无水好愁人。"特以告此庵。庵曰："向汝道是门外汉。"师礼谢。未几，有化马祖殿瓦者，求语发扬。师书曰："寄语江西老古锥，从教日炙与风吹。儿孙不是无料理，要见冰消瓦解时。"此庵见之，笑曰："须是这阇黎始得！"（见于《五灯会元》《水月斋指月录》等）

证悟通宵不寐却证得东坡为非，其根据是不应将山水穿透，似乎认为东坡依然著相，这个相则是法相。山水自是山水，便如上面一偈所示类同。但是，这种证悟的言语解说终究是无法圆满的，只有心证身知者自己才能对此有一个完满的观照。因此，上面和尚的争论和自证后对东坡开悟的否定本身又构成一桩公案，是耶？非耶？有待我们后学继续参悟，但是东坡居士作为一名大居士的修为也是足足可观和令人敬佩的。

东坡居士应该是佛教东传以来中国最著名的"居士"，也可以说是佛家最有名的"票友",此说或戏谑不恭乎？非也！该称谓也许对于东坡和禅宗都是最恰宜的,他的票唱对于他自身和佛教丛林都是一种难得的幸事,无论东坡是否开悟,这已经不重要了,重要的是他一路走来,生命中已然浸润了禅意禅趣之无言的光芒。检讨他的开悟偈子依然是我们后人的兴趣所在,我们希冀至少获得一种雅士与和风交辉的平易和豁达。

江湖夜雨十年灯　桃李春风终趣禅

——黄庭坚的参禅悟道之路

　　"桃李春风一杯酒,江湖夜雨十年灯。"这是宋代著名诗人黄庭坚《寄黄几复》中的一句。20 世纪约八九十年代的样子,曾有一位当代著名作家突然想起这句话疑为梦中偶得的佳句,发表在报章一时传为趣谈。黄庭坚(1045—1105),字鲁直,号山谷道人,宋代洪州分宁人(今属江西省修水县),北宋著名诗人和大书法家。"山谷"之名号一说是因为游山谷寺而得,一说为喜好山谷林泉而自取。诗文在当时与苏轼并驾号称"苏黄",而书法位列当时四大书法家之中即"苏、黄、米、蔡",又与张耒、晁补之、秦观并称"苏门四学士"。中国写诗也讲传承,但是真正形成流派的其实不多,江西诗派不仅成派而且影响甚大,而黄庭坚即是这个流派的祖师。黄庭坚仕途并不顺利,于宋英宗治平四年(1067)中进士。曾任北京国子监教授、校书郎、涪州别驾等,一生与苏东坡交好也多因为类似的政治原因数度起伏。黄庭坚作诗讲究形式即工整、严谨、对仗等,又讲诗文要从学问中来,说:"老杜作诗,退之作文,无一字无来处;盖后人读书少,胡谓韩杜自作此语耳。古之能为文章者,真能陶冶万物,虽取古人之陈言入于翰墨,如灵丹一粒,点铁成金也。"(《答洪驹父书》)不过,黄庭坚诗歌的成就与不足也都从此处来。黄庭坚诗文之名并非浪得,在其未出道以前其实已经被苏轼看好,包括黄庭坚的为人与未来走向,这也许就是惺惺相惜吧,后来苏轼在与黄的书信中完整地叙述了这一切:轼始见足下诗文于孙莘老之坐上,耸然异之,以为非今世之人也。莘老言:"此人,人知之者尚少,子可为称扬其名。"轼笑曰:"此人如精金美玉,不即人而人即之,将逃名而不可得,何以我称扬为?"然观其文以求其为人,必轻外物而自重者,今之君子莫能用也。其后过李公择于济南,则见足下之诗文愈多,而得其为人益详,意其超逸绝尘,独立万物之表,驭风骑气,以与造物者游,非独今世之君子所不能用,虽如轼之放浪自弃,与世阔疏者,亦莫得而友也。《古风》二首,托物引类,真得古诗人之风,而轼非其人也。聊复次韵,以为一笑。秋暑,不审起居何如?未由会见,万万以时自重。(《苏轼集》卷七十三))

　　苏东坡对黄庭坚的诗歌与为人做了不可能再高的评价,而且未见人观其诗歌就知道此人不是世俗中人,必然是重视身心修养而轻忽名利枷锁之辈,并引《庄子》中话语褒扬之至,末尾两句又足见二人"平生风谊兼师友",体贴关切甚殷。有意思的是,在当时苏东坡之诗文举世无两,而在黄庭坚出世以后,众人却趋之若鹜,江西派诗人陈师道也是一介书生,孤傲狷介,受学于曾巩,曾谓苏轼曰:"公诗端正道,亭亭如紫云。落世不敢学,谓是诗中君。独有黄太史,抱杓挹其尊。韵出百家上,诵之心已醺。"(《次韵苏公西湖观月听琴》)如果不是过于恭维或语涵批评的话,意思就是苏轼之诗显然是造物自化非可学而能也,而黄庭坚的诗至少是同高而又是可学的,这也是黄庭坚在当时的地位之写照。黄山谷在其诗文书法之外另一个耸动士林的造诣就是禅修了,其名字被普济列在南岳十三世黄龙祖心禅师的法嗣中,作为居士分灯之一,实属不易。从黄山谷分灯录看其内容亦较详,从中即可大体管窥黄庭坚参禅的整个历程。

　　黄庭坚被誉为有般若凤缘。他从小就是个孝子，其母曾久卧病榻，黄庭坚身边服侍，衣不解带、殷勤照顾，一直到为母送终，将儒家的孝道也算尽到了极致。但是，黄氏毕竟出身世家，自小聪慧，诗文教育甚早，成名也早，所以能诗但又放逸，早年喜欢写作浮艳诗词也颇得一些人的赏识，直到有一天遇到法秀禅师，这一切才发生了根本的转变。法秀禅师为此申斥黄山谷："大丈夫翰墨之妙，甘施于此乎？"黄山谷与当时名画家李伯时同参圆通法秀，李伯时长于画马，也为人称颂并自得于此，法秀禅师因此亦斥责李伯时，山谷在一旁便讥笑道："无乃复置我于马腹中邪？"法秀禅师正色道："汝以艳语动天下人淫心，不止马腹中，正恐生泥犁耳！"山谷居士闻此悚然，兹此绝笔于浮词艳曲之施为，并孜孜于求道之中，写下了《发愿文》痛绝酒色，仅朝粥午饭而已，这是黄庭坚闻道的发端。

　　本来山谷道人天资聪颖，又加之儒道两学渊源深厚，所以究之心性功夫便得如轻舟逾越重山，虽也历经反复终较常人为快。他在《晁张和答秦观五言予亦次韵》中称："士为欲心缚，寸勇辄尺懦。要当观此心，日照云雾散。扶疏万物影，宇宙同璀璨。置规岂惟君，亦自警弛慢。"可见其警策自励的功夫不辍。他反求诸心会证佛老，中间有很多证获："物无不致养而后成器，况心者不器之器乎？"（《晁氏四子字序》）"养心去尘缘，光明生虚室。"（《颐轩诗六首之六》）士大夫不可能不读书作文或泛滥诸经，在《书赠韩琼秀才》中又提出读经不为追索字义而是"一言一句皆以养心治性"待人处物为要。提倡在儒释道的会通中修证佛法："大概佛法与《论语》、《周易》意旨不远。"（《与王雍提举》）他还提出"深根固蒂，外慕休息。啜菽饮水，谁不欣然。"（《与唐坦之书》）这里既有儒家所探寻的"孔颜乐处"即孔子的"饭疏食饮水，曲肱而枕之，乐亦在其中矣。"与颜回的"一箪食一瓢饮，居陋巷，人不堪其忧，回也不改其乐。"又将佛家的内固其本、外息诸缘、劈柴担水、饮水吃饭完美地统一起来。

在诸般究心修养功夫中,黄庭坚一次重要的证悟机缘就是人所熟知的在黄龙晦堂处的"闻香悟道"。黄庭坚为求法曾随侍求道于黄龙祖心禅师,祈求方便之门,黄龙禅师便因机施教而有下面对话:往依晦堂,乞指径捷处,堂曰:"只如仲尼道,二三子以我为隐乎,吾无隐乎尔者,太史居常如何理论?"公拟对,堂曰:"不是! 不是!"公迷闷不已。一日,侍堂山行次,时岩桂盛放,堂曰:"闻木樨华香么?"公曰:"闻!"堂曰:"吾无隐乎尔。"公释然,即拜之。"和尚得恁么老婆心切。"堂笑曰:"只要公到家耳。"(《五灯会元》卷第十七)

黄龙祖心禅师可能因山谷乃当时名闻遐迩之士大夫,故特拈出一句孔子与弟子的著名对话开示,而且正合佛家证悟的话头。子贡曾说过:夫子文章可得而闻与,夫子性与天道不可得而闻与。而孔子后来又说过,我平常天天和你们在一起,并没有跟你们隐瞒过什么! 这句话虽然是孔子之言其实深合禅机,祖心晦堂拈出此语足见黄龙禅师也正是禅门大行家,山谷闻听此话正要拟思应对,黄龙禅师马上予以否定,截断了他的日常性或逻辑化的思维,使山谷疑情陡起,回念盘旋。又一天,二人同游,闻木樨花香,山谷洞然有省,已知黄龙晦堂所言之内在,那天的"不是"才是今天的"正是",身心上闻道可不是言说或解悟上的知解,虽然没有桶子脱底,但是已经上了一个台阶,这是黄庭坚的一次"高峰体验",但是这只是修证路上的一个阶段。直到黄龙祖心法师去世,黄庭坚又参证自己的师兄弟死心禅师可以说真正开悟了。

久之,谒云岩死心新禅师,随众入室。心见,张目问曰:新长老死,学士死,烧作两堆灰,向甚么处相见? 公无语。心约出曰:晦堂处参得底,使未著在! 后贬官黔南,道力愈胜,于无思念中,顿明死心所问。报以书曰:往年尝蒙苦苦提撕,长如醉梦,依稀在光影中。盖疑情不尽,命根不断,故望崖而退耳! 谪官在黔南道中,昼卧觉来,忽尔寻思,被天下老和尚瞒了不少,惟有死心道人不肯,乃是第一相为也。(《五灯会元》卷第十七)

这一段话是说,过了很长时间,黄庭坚又参谒同门师友黄龙死心禅师,这是一次出生入死的参验,也是山谷道人最后开悟的端口。上文叙述山谷随同僧众一同入见死心和尚,结果死心劈头一句:我死、你死,烧作两堆灰,我们在哪里再相见呢? 黄庭坚一时无语无法应对。其实,这种无可应答倒是对的,他如果能够应和了,如果不是体证就是妄想,但是在此之前,黄龙祖心禅师已经初步打掉了他的妄想,使他只能参究体认:大道为何? 拟思则被痛批! 闻木樨花香,则知如是如是! 不过如此! 但是,如是如是,也就是一个初步的省觉,还需要一个完全透彻的身心生命的转换。但是,这期间黄庭坚显然还没有断掉内在的种种惑根,这就是死心禅师所说的,在晦堂处参得的在这里还不够用啊! 只有一些醒悟、觉醒、片段的顿悟而没有彻底的开悟是经不住这种彻头彻尾、死去活来的追究的! 死心禅师的这一记阿棍等于打到了山谷道人的致命之处,所以在他遭贬谪的过程中,苦苦参究,于无思念中脱落疑情、猛然顿醒,所以称以往是"望崖而退",未如曾经的高僧大德"悬崖撒手",悬崖撒手则如祖心禅师曾经道的:"镜像或谓有,揽之不盈手。镜像或谓无,分明如偃图。所以取不得,舍不得,不可得中只么得。"(《五灯会元》卷第十七)得"悬崖撒手"才自由但前面却须做功夫,也便如祖心禅师开悟后与慧南禅师的对话:"慧南禅师道:'知是般事便休,汝用许多功夫作么?'祖心禅师道:'不然,但有纤疑在,不到无学,安能七纵八横,天回地转哉!'"(《指月录》卷二十六)死心禅师指示黄庭坚的就是这样的道理,因为那时的山谷道人用俗话说就是还有疑情未尽、生死未了,其实是没有透彻明润打成一片,只能是再起疑情再度击碎。最后则是在无思中有思,彻底将梦境光影击穿,最后由衷地感激死心禅师的不懈提撕,其实就是那一个话头把他重新打入梦里又最终从梦中唤醒。故黄庭坚太史发慧于法秀,得道于祖心,成道于死心,有一个明确连续的参悟历程,而不似他的老师苏东坡随处参究、更求自心了悟,虽然被列入居士分灯录,但是又有争议。在山谷道人开悟之后,另一位师兄灵源惟清赠偈曰:"昔日对面隔千里,如今万里弥相亲。寂寥滋味同斋粥,快活谈谐契主宾。室内许谁参化女,眼中休自觅瞳人。东西南北难藏处,金色头陀笑转新。"山谷道人应答曰:"石工来斫鼻端尘,无手人来斧始亲。白牯狸奴心即佛,龙睛虎眼主中宾。自携缶去沽村酒,却着衫来作主人。万里相看常对面,死心寮里有清新。"故《罗湖野录》作者记载上述后谓:"黄公为文章主盟,而能锐意斯道,于黔南机感相应,以书布露、以偈发挥,其于清、新二老道契可概见矣。噫!世之所甚重者,道而已。公既究明,则杜子美谓文章一小技,岂虚也哉?"(宋晓莹《罗湖野录》)从此两首诗词应和来看,黄庭坚的确已经造诣至深,此回应偈子颇有点傅大士意蕴,可谓文人士夫参禅问道的骄子了。

黄庭坚的生命历程虽辉煌其实更坎坷,用得上他自己的"江湖夜雨十年灯"以况了,向佛以后就戒酒自律有"老夫止酒十五年"之说,而不再是"桃李春风一杯酒"了,虽然后来又有"醉看檐雨森银竹"的诗句但更多的是心醉了!因此,把他诗文中的前一句话改造置后就是:"江湖夜雨十年灯,桃李春风终趣禅",二句可谓其一生写照乎?

附录二：

安身、安心与诚敬

——兼论儒家在家庭孝亲中获得的"本体性意义"

    儒学在现代社会中的意义涉及到道德价值和超道德价值两个方面，[1]前者关涉世俗生活和伦理，后者涉及到个体生命在"宇宙"中的终极性意义的厘定。一般来说，对于中国人的人生问题，尤其是个体的终极关切，过去多从两方面理解：第一，中国没有宗教，没有悬设的超越性存在，因此，中国人的价值关切和生命关切都切中于现世，现世中只有生死问题，但是没有从超越层面对生死问题的安排；第二，中国没有宗教，因此，没有宗教形式和仪式，因此，从形态上来说，对于个体终极的关切也难以明了和确定，譬如个人生和死两方面和天道沟通的仪式性关照都付之阙如。经过"五四"以后一百多年中国现代哲学家的艰苦努力，这个问题已经有很大推进，至少在理论形态上对有些问题又重新做了认肯和确定，譬如天道和人性的同一性等等。严格地说，康有为近代提倡孔教，还是从社会秩序架构和政治方向上致思较多，而此后的主张心性的思想家梁漱溟、熊十力以及主

---

[1] 关于道德价值、超道德价值之间的界分与关联以及与中西思想的对照比较在国内最早由冯友兰先生提出，而且有较多论述，后来李泽厚提出宗教性道德与社会性道德的二分与此有一定类似之处但并不一致。

张理学的冯友兰已经继承古代圣贤重新开通了个体的天人关系路径,即以本心或仁心见天道,到牟宗三、唐君毅和徐复观更是将这个问题上升到天道与心性贯通的地步,在生命层面上大体确定了中国人的存在的现世性和超越性。而关于中国人生命安妥之形态化和日常教化的居所(即教化场所)问题,直接论述的学者不多,因为近代的新文化运动至少使儒学的两种价值都悬置起来,但是钱穆先生曾经有一个明确的解释——中国家庭就是西方人意义上的教堂:"我们可以说西方的宗教为上帝教,中国的宗教则为'人心教'或'良心教'。西方人做事每依靠上帝,中国人则凭诸良心。西方人以上帝意旨为出发点,中国人则以人类良心为出发点。西方人必须有教堂,教堂为训练人心与上帝接触相通之场所。中国人不必有教堂,而亦必须有一训练人心使其与大群接触相通之场所。此场所便是家庭。中国人乃以家庭培养其良心,如父慈子孝兄友弟恭是也。故中国人的家庭,实即中国人的教堂。中国人并不以家庭教人自私自利,中国人实求以家庭教人大公无我。"[1]钱穆先生的"良心说"与其他现代儒家如梁漱溟、熊十力、牟宗三等完全一致,但是,关于家庭是教堂的说法是一个重要的判断,梁漱溟先生虽然认同"周孔教化"和中国人的家庭伦理基础,但是并没有这样直接地和基督教等宗教直接对比论定。

　　钱穆先生关于中国人的家庭乃是"教堂"的说法不啻是一个现代思想文化和实践层面的大进展。但是,他的问题是没有将此进一步深化,使我们确定这种家庭教化的形式化的结构是什么?因为既然是"心教"(用牟宗三等人常用的是"人文教"),那么这个教的结构形态是怎样的呢?当然,钱穆先生提出了两步沟通法:第一,在家庭中的父子亲情的心通,中国人看心,可以超乎肉体而为两心之相通。如

---

〔1〕钱穆:《孔子与心教》,《钱宾四先生全集》第 46 卷,《灵魂与心》,台北:联经出版公司,1998 年,第 32—33 页。

孝,即亲子间两心相通之一种境界也。"子心能通知父心即为孝。耶稣《圣经》中说:'你依上帝的心来爱你的父母与兄弟',是就西方宗教意义言,人只认自己的心可与上帝相通,却不认人我之间的心可以直接相通。人我之心之直接相通,此乃中国观念,即儒家之所谓仁。"[1]进一步则是通过家庭这层心通而逐渐达至和世界人人的心通,为仁的"心通"分两步,家庭一步,社会是进一步。钱穆先生对仁的这层理解是对的,虽然还不完整透彻,但是大体不差。这里的唯一的问题是这种心通的方式在家庭成员中是在什么状态上达成的? 这是我们这里提出的问题,要回答这个问题,我们必须回到孔子关于"安"与"心安"的论述,而《中庸》和明代大儒家王阳明关于"诚"、"敬"的论述则将儒家家庭孝亲的思想直接提升到本体性的地位,即家庭孝亲不仅能够获得类宗教性的愉悦和自己的身心安定而且甚至可以推动个体生命的向最上一机的升华、转进,即与天地通达甚至合一。

一、孔子之安:安人与安己

1. 安人

"安"字之常用在安心或心安,"心安"与"安心"既是一句日常用语,同时又在宗教层面有其深刻的含义与蕴含,尤其是在中国的宗教与哲学中,具有实质性乃至根本性的意义,这个意义在个体生命的安顿和安定上。在儒家创始人孔子那里已经探讨了"安"的问题,其中主要涉及两个方面:一是社会,一是个人。从社会来说,"安"就是社会安定、百姓安居之类;从个人来说,"安"则指身安与心安两个方面。身安主要是安逸、舒适等方面,孔子的心安则是心理的安顿、平和,尤其是在孔子与宰我的对话中,提出了心安的问题。我们检索《论语》

〔1〕钱穆:《孔子与心教》,《钱宾四先生全集》第46卷,《灵魂与心》,台北:联经出版公司,1998年,第30页。

大体上有以下这些关于"安"的讨论。

"子曰：君子食无求饱，居无求安。敏于事而慎于言，就有道而正焉。可谓好学也已。"(《学而》)孔子这里的"安"说的是"安稳"、"安逸"，基本上是指的身体状态。"子曰：视其所以，观其所由，察其所安，人焉廋哉！人焉廋哉！"(《为政》)这里是"心安"的意思。这里的安是安居、安心、心安，是安于此处，居住安然的意思。也就是说，"安"在孔子那里包含了身体的安适与心灵的妥帖两个层面的意思都有。那么，孔子"安老人"之意也应该同时包括这两个方面，因为"安"本身即这两意。子曰："老者安之，朋友信之，少者怀之。"(《公冶长》)这里的"安"大体也是安逸、安闲、舒适的意思，同时包含着身心两面。朱子谓"老者养之以安"〔1〕，即养老人使之安，安是一种感觉，舒适、妥帖、舒服，不致身体上冬寒暑热，更不用说衣食无着等等，这是从身体层面上看；从心灵上说，则是心有所安，不焦虑、不烦躁，轻松愉快的状貌。这里对年长之人的"安"即朱子所说的养，也自然是身安与心安的统一。

孔子把这种个人理想放置于对执政者的期许或期待："子路问君子。子曰：'修己以敬。'曰：'如斯而已乎？'曰：'修己以安人。'曰：'如斯而已乎？'曰：'修己以安百姓。修己以安百姓，尧舜其犹病诸？'"(《宪问》)这里的"安"是名词动化，也可以认为就是动词，因为君子即上层人物甚至即君主，所以这里的"安"就是"安排好"、"处置好"、"安定安居安乐"的意思。"丘也，闻有国有家者，不患寡而患不均，不患贫而患不安，盖均无贫，和无寡，安无倾。"(《季氏》)这里的"安"也大体是安定、安乐的意思。这里的"安"也是从身心两个方面来说的，因为人本身就是身心的一个整体。因此，对他人的照顾至

---

〔1〕朱熹：《四书集注》，长沙：岳麓书社，1987年，第117页。

"安"是孔子所期待的儒家的理想,这个理想就是社会中百姓的身心的妥帖、舒适的安排。朱子直接将"安"解释为"养",这正是儒家将家庭中的道德延伸至社会的本怀,从养亲到对整个社会鳏寡孤独乃至所有大众的"养",这个养就是身心一体的照顾、关心与安定,当然,它的实现方式首先是从家庭开始的。

2. 心理平衡的己安或安己

与作为"养"的安身不同的是,在孔子那里还有另一个身心安定的安,即"安"是一种身心安定和谐的状态,"子温而厉,威而不猛,恭而安。"(《述而》)这里"安"描述的即是孔子本人安然、恬静的整体性的身心状态。但是,这种个人的身心稳定舒适不是什么时候都能有的状态,它的获得必须是个人的心安理得而后致。也就是说,人是一种有条件的存在,不是无条件的存在物,这个条件就是人的相对性存在,这相对之间的平衡是心安的条件,因此,心安或己安是一种心理平衡的状态,而心理平衡就是对等、平衡或孔子所说的"直"。"宰我问:'三年之丧,期已久矣。君子三年不为礼,礼必坏。三年不为乐,乐必崩。旧谷既没,新谷既升,钻燧改火,期可已矣。'子曰:'食夫稻,衣夫锦,于女安乎?'曰:'安。''女安则为之。夫君子之居丧,食旨不甘,闻乐不乐,居处不安,故不为也。今女安则为之。'宰我出,子曰:'予之不仁也!子生三年,然后免于父母之怀。夫三年之丧,天下之通丧也。予也,有三年之爱于其父母乎?'"(《阳货》)在孔子与宰我的对话中的孔子所追问的"安"主要是"心安",即自己内心其实就是良心的安定、满足,不会因为良心不安而导致的烦恼、忧虑、焦躁等等。

在这里,孔子理解心安的方式或法门是:求对等。其实就是付出与回报的等价、平衡,一般人应该在这个意义上求得心理的平衡,这是良心本身内在的规定和要求。这是儒家所有思想的一个重要的出发点：出于良心，使自己的良心安，安则是心理平衡。譬如，前面所说的"三年"之丧，与"三年"之养之间的"对等"平衡关系，这其实是孔子极为重视的一种心理状态，如同孔子在其他地方所说的"直"一样，"对等"是心安的基础性条件，连对等也做不到，人心不会安，如果你在不平衡的"不公正"的状态下心安了，那你这个人是不仁的。而在尽孝的过程中，不仅是子女服侍父母的良心得安，而且在这个过程中，父母亲的身心也俱安，这是儒家在世俗之中追求的重要的价值目标，这是安的第二重境界。安的第三重境界就是身心平和，即安定，是儒家的终极关怀在身心层面的实现。

3. "安于仁"与"诚"

这里所说的安定，就是一种时时和乐自在的状态了，这是中国思想包括儒释道共同的修养目标，过去大多认为儒家这方面的层次不够或根本没有，这是比较误解的，只是儒家这方面的修养方式、方法和境界描述湮没在了诸如修齐治平的套论之中，但是修养的过程自有最高的目标所在，在《论语》、《孟子》尤其是《中庸》中为多见。这就是现代哲学家常说的儒家的终极关怀和冯友兰先生所说的儒家的"超道德价值"，当然，超道德价值需要在道德价值涵育的过程中逐渐呈现。"子曰："不仁者，不可以久处约，不可以长处乐。仁者安仁，知者利仁。"（《里仁》）"仁者安仁"正是孔子所追求的一种理想价值目标。这个安仁的状态最大限度的体现在他关于自己"饭蔬食，饮水，曲肱而枕之，乐亦在其中矣，不义而富且贵，于我如浮云"（《述而》）和评价颜回"一箪食。一瓢饮，居陋巷，人不堪其忧，回也不改其乐，贤哉回也"（《雍也》）中，表现的是一种安心、和乐不为外部环境所干扰袭动的境界。后学所谓"孔颜乐处"正是安仁的状态。白居易一生出入儒家和佛家，探求生命的安定，曾谓"无生本无乡，心安是归处"、"身泰心安是归处，故乡可独在长安"，这正是世代儒者专心于追求身心安定的一种自我描述。

但是，欲达到身心和乐安定的境界需要一个较长的修养过程，儒家不是出世修行的，正如上文钱穆先生所说的，它以家庭为教堂的修养，即以在家庭中行孝悌为出发点和根本："君子务本，本立而道生，孝悌也者其为人之本与？"（《学而》）而家中行孝的根本是什么呢？——敬！一个"敬"字而得心灵的纯粹状态、无我状态，由此反诚而得心安和最终的自然洒落。个体在行孝、安妥父母亲情的过程中实现自我的安定——自己的心安、身安，是之谓最终的生命安定。

二、以诚、敬事亲、养亲而得安心的修行方式

（一）安亲的方式：事养与亲之、敬之

1. 亲之：事养与尊礼的统一

儒家若如上所述，那么他的本分即在安人安己。而安人当然首当其冲的是要在家安亲，也就是行孝道。在孔子自己所阐述的孝道的具体形态中，主要谈两点：事养与慰情、礼与敬。"孟懿子问孝。子曰：'无违。'樊迟御，子告之曰：'孟孙问孝于我，我对曰无违。'樊迟曰：'何谓也？'子曰：'生，事之以礼，死，葬之以礼，祭之以礼。'"孔子在这里说的孝就是以礼对待亲情，但是，礼的亲情是在养的基础上的，不养则谈不上所谓的礼或下面孔子说的"敬"了。"子游问孝。子曰：'今之孝者，是谓能养，至于犬马，皆能有养，不敬，何以别乎？'"（《为政》）

孔子在这里说到的孝道主要是事养，同时是以礼和敬的事养。他虽然强调的是礼和敬，但是养是前提条件。不养则一切谈不上，但是没有礼尤其是没有敬，那也失去了人道的涵义。敬当然是礼的表现，但是，它所强调的是内在的真情实感，既要有礼仪的形式更重要的是还要有实质性的情感寄托在内，是作为人子发自内心的尊敬、尊

重和对待。孔子在讨论孟武伯问孝的问题时还谈到了情感问题：子曰："父母，唯其疾之忧。"(《为政》)这句话的解释有一定歧义，但是如果从父母之挂念之情的话，那就是父母的感情慰藉问题这是养亲的一个重要方面，必须予以重视 。如果是对父母的挂怀，则同下面这句一样，是人子的责任，必须尽到履行的义务："父母之年，不可不知也。一则以喜，一则以惧。"(《里仁》)而无论这两点具体为何，它的实质是：父母和子女之间需要基本的感情联络，没有这个感情联系，则这种在儒家看来人类最基本、最根本的关系就形同路人一样，那是极不可行的，这也是安亲的问题，出发点主要是情感上的安亲。那么，这个问题之解决在现代社会相对于古代是比较复杂的。在现代社会，与父母亲人居住于一起者其实不见得太多，尤其是在现代工商社会和城市社会，存在大小不等的距离实在是正常的事情。这个时候，安亲的实际问题就出现了，所谓古人的温清定省基本上很难在当面做到，那就更谈不上用"敬"了。因此，在这里第一步要解决的是如果在实际层面不能做到温清定省，那么应该如何安慰父母的孤寂或对子女的挂念就是突出的问题，要这两个问题上用力才能实现第一步的工作。因此，我们说，所谓"常回家看看"其实是实现安亲尤其是在感情上安亲的基本条件。

2. 由敬至诚

"敬"作为家庭修养的心理条件，在儒家那里还有一些具体的更高的要求：即敬必须用心，这就是生命修养的开始，是个人获得身心安定的前提，用儒家的话说，这就是出乎天理、纯乎天理的内心情感即道德良知的发用。王阳明的弟子徐爱在追问阳明事亲的时候问阳明若干事亲的具体细节，譬如冬温夏清，究竟该如何侍奉家亲，王阳明没有回答他这些枝节问题，而是告诉他只要使自己那颗纯孝的心发挥出来，其他的事情都是自然的，核心就是有一个深爱在内：

爱曰："闻先生如此说，爱已觉有省悟处。但旧说缠于胸中，尚有未脱然者。如事父一事，其间温清定省之类有许多节目，不知亦须讲求否？"先生曰："如何不讲求？只是有个头脑，只是就此心去人欲、存天理上讲求。就如讲求冬温，也只是要尽此心之孝，恐怕有一毫人欲间杂；讲求夏清，也只是要尽此心之孝，恐怕有一毫人欲间杂；只是讲求得此心。此心若无人欲，纯是天理，是个诚于孝亲的心，冬时自然思量父母的寒，便自要去求个温的道理；夏时自然思量父母的热，便自要去求个清的道理。这都是那诚孝的心发出来的条件。却是须有这诚孝的心，然后有这条件发出来。譬之树木，这诚孝的心便是根，许多条件便是枝叶，须先有根然后有枝叶，不是先寻了枝叶然后去种根。《礼记》言：'孝子之有深爱者，必有和气；有和气者，必有愉色；有愉色者，必有婉容。'须是有个深爱做根，便自然如此。"[1]

王阳明在这里谈到了两个方面：孝子必须有深爱，深爱的重要标志如《礼记》所言必是和颜悦色、温敬体贴。要做孝子只是在这颗孝心上用功，这是犹如大树的树根，把这个根基培植好了，所谓温清定省的细节是自然而然的，因为它们都是从这颗心上发出来的，其表现正是孔子所说的"敬"，就是《礼记》的和气、婉容、愉色等等，但是，所有这些都以诚心为本。阳明的弟子在讨论这个问题的时候追逐细节，王阳明给予了严肃的批评和纠正：

朝朔曰："且如事亲，如何而为温清之节，如何而为奉养之宜，须求个是当，方是至善，所以有学问思辨之功。"先生曰："若

---

〔1〕王守仁：《传习录》，《王阳明全集》，吴光等编校，上海：上海古籍出版社，1992年，第2—3页。

只是温凊之节、奉养之宜,可一日二日讲之而尽,用得甚学问思辨？惟于温凊时,也只要此心纯乎天理之极；奉养时,也只要此心纯乎天理之极。此则非有学问思辨之功,将不免于毫厘千里之谬,所以虽在圣人犹加‘精一’之训。若只是那些仪节求得是当,便谓至善,即如今扮戏子,扮得许多温凊奉养的仪节是当,亦可谓之至善矣。"爱于是日又有省。[1]

在阳明弟子来看,事亲要讲求个得当、至善,细节上要比较讲究,这才是做学问功夫呢。王阳明则认真指出,所谓的温凊定省这些具体节目说一天两天就可以了,记住运用即可,这些功夫不是儒家所谓的学问功夫。儒家的学问功夫是向里、向自己的内心用功,不管是在温凊定省时候、在奉养事亲的时候,要求做到的是心地层面的纯善,差池一点就谬以千里,因此,心地上的功夫那是要做的。而奉养的功夫有真有假,它表现出来的只是人的样子,你看上去很恭敬,但是内心却没有谨慎、和悦、诚敬,那都是演戏,是虚伪的。孔子所说的"不敬何以别之"的根基就在这里,儒家在事亲的时候要敬,但是需要一个真的心里的"敬"而不是脸面上的"敬"。要心地的敬则需要在心地上用功,这就是"诚"的表现。由敬向诚的过渡,是儒家个人修养从心理向生命整体的转化,从个人安身到生命安心、安定的转轨。

(二)悦亲之心与至诚：在养亲、近亲中实现个人生命的安定

既然,儒家的教堂在家庭,那么修养的功夫、次第都在家庭中体现出来。首先要在家庭行孝中做反己省察的功课。这在孟子和子思那里都称作是反身求诚、诚身或明诚的功夫。

---

〔1〕王守仁：《传习录》,《王阳明全集》,吴光等编校,上海：上海古籍出版社,1992年,第3页。

孟子曰："居下位而不获于上,民不可得而治也;获于上有
道:不信于友,弗获于上矣;信于友有道:事亲弗悦,弗信于友
矣;悦亲有道:反身不诚,不悦于亲矣;诚身有道:不明乎善,不
诚其亲身矣。是故诚者,天之道也;思诚者,人之道也。至诚而
不动者,未之有也;不诚,未有能动者也。"(《孟子·离娄上》)

在孟子这里,悦亲的方法就是反求诸己,看看自身是否诚:真
诚,用阳明的话就是纯乎天理。诚是天道,向诚努力就是人道,就是
儒家的道理和功夫。这种儒者的至高的心理状态为纯粹、虔诚、无偏
私之状;在《中庸》则更被视作宇宙之本体了。子思将"诚"视作世界
本体、大原,天道本诚,本为纯粹天德又曲成万物;体现在人身既是虔
诚、纯粹又是从容自在,而人道则是向"诚"的努力。

"诚者,天之道也。诚之者,人之道也。诚者,不勉而中不思
而得:从容中道,圣人也。诚之者,择善而固执之者也。""自诚
明,谓之性;自明诚谓之教。诚则明矣;明则诚矣。""唯天下至诚
为能尽其性。能尽其性,则能尽人之性。能尽人之性,则能尽物
之性。能尽物之性,则可以赞天地之化育。可以赞天地之化育,
则可以与天地参矣。"(《中庸》)

到了"诚"的状态,个体就会不勉而中、不思而得、从容中道,个体
的生命状态就不会处于焦灼、困顿等等不良状态,到这里儒家的终极
关怀问题能够得到好的解决:就是从容于人生、人事和天道的循环,
在这个过程中自然而然。这样,个人身心的安定就在事亲、安亲的过
程中实现了。但是,"诚"作为本体不是自然完全呈现的。"诚"还是
一个过程,即"诚之者"的努力,这就是宋明儒常说的"敬"。我们个人

从困而后学到不勉而中不思而得、从容中道需要有一个择善固执的进程,这个进程就是在孔子那里的修"事亲"和在其中体验"安心"的进程。个体在这个进程中体会天道,从安、敬到诚,从"必有事焉"的自觉性到"至诚不息"的自然而然,个人在家庭中的孝亲修养就真正实现了,因此,钱穆先生把家庭看做是中国人的教堂是有一定根据的。

儒家的家庭修养与其他宗教形态的个体修养方式不同,它不是从个体通过各种神圣性仪式与最高精神性存在(或者信仰者所认为的实体性终极实在)的沟通达成个体的心灵的安顿,它是从家庭中事亲的修养开始的一种特殊的世俗的修养进路。儒家作为生活世界的存在者,他的精神世界之托付首先是在日常生活的伦理之中发生的,因此,他比较在意亲情的关照,而且在儒家看来这也是一种最基本和最根本的需要。这种需要及其满足过程既是个体社会化的进程,同时也是个体自我实现其伦理价值以及天道价值的过程,此即"天理",宋儒所谓"天理"既有普遍性"超道德"的价值也有它的基础性即道德性价值。而孟子所谓的"天民"即冯友兰先生所说的"宇宙公民"在其获得"尽心知性知天"的路途中必须有而且在其实现中也自然有世俗的三乐:俯仰无愧天地、父母兄弟安好、得天下英才而教育之。那么,我们可以说这就是儒家的自然伦理问题或自然宗教的问题,在这个过程中,儒者实现了自身生命的转化以及最终的心灵的安定和人格的升华。"诚"和"天民"的最高价值不限于甚至已经超越于伦理价值和家庭义务的,但是,它们的形成是以遵循家庭孝养的伦理义务开始实现的。

在现代工商业社会的人际疏离、节奏紧张等重压之下,个人的身心安顿和家庭和谐遇到前所未有的危机,中国以及全人类面临的老年化社会的提早来临都给我们提出了生命何以安妥、社会如何安然的课题,显然,儒学从家庭出发不脱离日常生活尤其是从孝亲出发的个体关怀尤切于我们这个时代的主题,这应该就是儒学之于当代社会的重要意义之一吧。

(原载《河北学刊》2015 年第 3 期)

参考文献举要

大正新修大藏经

《全唐诗》,北京:中华书局,1986 年

(宋)普济:《五灯会元》,北京:中华书局,1984 年

(宋)赜藏主:《古尊宿语录》,北京:中华书局,1994 年

《周敦颐集》,北京:中华书局,1990 年

程颢、程颐:《二程集》,北京:中华书局,1981 年

朱熹:《四书章句集注》,北京:中华书局,1983 年

耶律楚材:《湛然居士文集》,北京:中华书局,1986 年

(明)黄绾:《明道编》,北京:中华书局,1959 年

王守仁:《王阳明全集》,吴光等编校,上海:上海古籍出版社,1992 年

《碧岩录》,李孚远、钟镇鍠点校,石家庄:河北禅学研究所,2006 年

郭庆藩:《庄子集释》,北京:中华书局,2004 年

沈德潜:《古诗源》,北京:中华书局,1963 年

《太虚集》,黄夏年主编,北京:中国社会科学出版社,1995 年

冯友兰:《贞元六书》,上海:华东师范大学出版社,1996 年

净慧:《生活禅钥》,北京:生活·读书·新知三联书店,2008 年

净慧:《中国佛教与生活禅》,北京:宗教文化出版社,1995 年

净慧:《处处是道场》,河北省佛教协会虚云印经功德藏

后　记

　　1992年,研究生毕业参加工作,思想上进入一段迷茫困惑,开始涉足一些在大学阶段几乎很少思考的领域,比较多地阅读老庄等道家典籍,后又接触佛教书籍,做了十分粗浅的阅读。后来买到一本净慧老和尚作序的禅宗公案故事书《日日禅》,便成了枕边书籍,每日参研,有的能明白,也有的不甚了了。有一次读《孟子》一书,读到"万物皆备于我,反身而诚,乐莫大焉",有点儿吃惊,怎么儒家也有这样的思想? 后来再读陆象山、王阳明的著作,发现儒家心学一系,汪洋恣肆,非日常所谓"儒家"的概念所能范围概括,由此又返归儒学。由此也并知道象山后学如杨慈湖早就有被指为"近禅",而阳明及其后学也在当时被称为"近禅",甚至阳明三重身份的朋友黄绾(同僚、学友同道和儿女亲家,一度也自承为阳明弟子,后反悔)后期也从正统儒家立场严重批评阳明。故对儒佛之间的关系较多留意。1994年曾同原河北社科院同事杨玉昌先生一同前去柏林寺生活禅夏令营,也算是"早期学员"了,但是未曾入道辄返(只住了一个晚上),失去了一次重要的悟道契机,但对佛教尤其禅宗的关注未曾失却。

　　2011年,净慧老和尚开启"生活禅"以及河北儒学的国际性研究热潮,幸得河北社科院哲学研究所魏建震、梁世和等先生的邀约,参

189

加了历次相关学术研讨会,本书所载论文基本都是上述会议的成果。关于湛然居士的研究则是参加北京佛教文化研究所和《佛学研究》年刊社主办的"元代北京佛教研讨会"的成果。书尾附录中所载三篇随笔则是响应明尧大居士建议,在《禅》刊编辑也是我多年朋友明睿居士督促下完成的。如果说这里面有一个主题,那就是试图通过历史与现代人物的研究,尤其是我个人关注的阳明思想和禅宗之间的关联打通儒佛之间的思想桥梁,为现代儒释之间的会通提供一些参考。除上述朋友的关怀,河北著名学者、居士张志军先生也曾在不同方面给予鼓励,还要感谢上海三联书店冯静女士一直以来的工作以及郑秀艳女士的辛劳。在我近年将精力回归阳明思想、近现代及当代儒家思想、政治哲学和古代儒家政治理念研究以后,基本无暇再顾及这些关乎生命反思的"学问",这是个人较为遗憾的事情。在京津冀区域一体化的新浪潮下,这个主要立足于该地区的研究也便纳入了河北教育厅"京津冀文化融合与创新研究基地"(河北工业大学)的工作,这是要特别说明的。

图书在版编目（CIP）数据

求道与安心：河北禅门片论及儒佛对勘/李洪卫著.—上海：
上海三联书店,2017.1
　ISBN 978 - 7 - 5426 - 5790 - 9

　Ⅰ.①求…　Ⅱ.①李…　Ⅲ.①儒家－哲学思想－研究
Ⅳ.①B222.05

中国版本图书馆 CIP 数据核字(2017)第 004455 号

求道与安心——河北禅门片论及儒佛对勘

著　　者 / 李洪卫

责任编辑 / 冯　静　郑秀艳
装帧设计 / 汪要军
监　　制 / 李　敏
责任校对 / 张大伟

出版发行 / 上海三联书店
　　　　　　(201199)中国上海市都市路 4855 号 2 座 10 楼
邮购电话 / 021 - 22895557
印　　刷 / 上海叶大印务发展有限公司

版　　次 / 2017 年 3 月第 1 版
印　　次 / 2017 年 3 月第 1 次印刷
开　　本 / 890×1240　1/32
字　　数 / 200 千字
印　　张 / 6.125
书　　号 / ISBN 978 - 7 - 5426 - 5790 - 9/B · 504
定　　价 / 38.00 元

敬启读者,如发现本书有印装质量问题,请与印刷厂联系 021 - 66019858